一年投資 5 分鐘

打造每月 3 萬被動收入，
免看盤、不選股的最強小資理財法

陳逸朴 (小資 YP) ＿著

放心啟程，展開指數化投資之路

———————— 文 / Ffaarr 的投資理財部落格 ————————

很高興看到台灣又有一本的指數化投資的好書。

自己有幸在 2007 年開始學習投資後不久，就接觸到並決定改投入指數化投資，在市場中十多年來，更加體會到指數化投資是適合絕大多數人的投資方式，其中最重要的三大優點如下：

1. 能以低成本獲得市場的合理報酬並靠時間複利成長，有利於規劃並達成長期理財目標。

2. 能先分散個別標的重大風險，再進一步藉由規劃合適於自身的資產配置，真正讓人安心投資。

3. 正如本書標題所講的，相較其他投資方式花費更少的時間精力，有更多心力去做好人生中其他想要做的事。

不僅如此，能讓所有正確使用的人都能有效複製成果，也是我會推薦指數化投資的重要理由。指數化投資人不需要在多變的市場上打敗其他投資人才能獲得好成績，也不用擔心成果會因人而異或在不同的時空背景下失效。在指數化投資之路上，只怕一直在原地踏步遲疑不前，或因為缺少耐心信心而無法堅持下去。

在近幾年來像本書作者 YP 這樣推廣這種投資方法的過程中，的確遇到不少人對於指數化投資有一些疑惑或擔憂，畢竟其中很多看似「被動」的做法，確實違反很多人對金融市場的直覺，而把錢投入海外市場也可能讓人覺得不放心，這些疑慮都可能成為無法開始獲得投資果實的阻礙。即使是一個容易複製的好方法，還是需要基於正確充分的認知來支援實際行動，也才能讓使用的人真正放心啟程，且未來不至於在市場變動中慌亂。

而本書的內容正能符合這樣的需求。其中對於指數化投資的基本原理、應有心態、成本考量、風險管理、資產配置方式、與理財目標之間的搭配，以及相關工具標的和具體實行步驟等，都作了深入淺出的介紹，即使是投資新手，或只接觸過主動投資的

讀者，相信都能在讀完本書之後，順利展開指數化投資之路。

　　投資應該是理財的一部分而非全部，在本書中不僅介紹指數化投資，也很重視其他的重要理財面向，包括主動收入、儲蓄以及保險等的探討，這些都是進行指數化投資時最重要的後盾，彼此妥善搭配才能有更高的機會達成理財目標。

　　希望讀者們讀完此書後，也能像我們一樣，藉由指數化投資，讓全世界的上市公司一起來幫助我們完成人生中的財務課題，達成更美好的生活。

推 薦 序

❷

運用戰略思維，進行財務決策

───────── 文／蔡至誠（PG 財經筆記版主）─────────

我常說：「運用戰略思維，人生的財務決策不用多，做對幾個就好。」我認為這本書介紹了兩個你需要了解的財務決策，只要做對，長期回報將令你震驚。

有一次，我準備進行簡報，對象是前王品副董事長、「成真咖啡」創辦人兼董事長王國雄。我向王董請益：「您覺得在創業以及經營企業的過程中，什麼是最重要的？」

王董推了推眼鏡，有肯定的語氣道出：「人才！」

碰巧我看到《Cheers 快樂工作雜誌》在 2021 年的 12 月號以「人才，在哪裡？」做主題。王董用這兩字點出了核心關鍵：「優秀且適合的人才，是企業的戰略資源。」

正所謂「得人才者得天下」，各個企業都各顯神通想要留住人才、鞏固人力。可能有人會思考：「人才」與「投資理財」這兩者到底有什麼相關呢？作者在書中正與我們分享了為何「投資自己，是最好的投資」，以及如何讓人力資本成為我們投資的戰略資源。

我有個客戶原本是大學助理教授，後來成為正教授，在 2021 年資產就增長接近千萬。他跟我分享自從他意識到理財重要性之後，就時時刻刻自問「哪個部分可以提升資產？」後來他發現，「投資自己」就是條攻略。

因為升等成為副教授、正教授後，做的事情並沒有改變太大，依舊醉心研究、教學，但每個月的收入以及獲得的資源卻因職務水漲船高。如果喜歡原有環境，這根本就是很好的被動收入，每個月可以多領幾千塊跟幾萬塊！

投資人力資本，除了本業收入增加外，也能對抗通膨。2009 年金融海嘯的尾聲，巴菲特在波克夏海瑟威股東年會上表示，對抗通貨膨脹的方法便是提高技能，在所屬領域全力以赴成為佼佼者。

巴菲特說：「如果你是最好的老師、最好的外科醫生、最好的律師，你就能從經濟分到一塊餅，貨幣的價值變化便不重要。」

換句話說，無論貨幣價值如何，精進自身的技能將得到公平的回報，投資自己，去看書、去學習就是最好的方法。

另一個重要的財務決策，就是運用這本書跟大家分享的「指數投資」。指數投資能夠讓我們用最高效的方式獲取最大收益，作者列舉許多科學化的數據，帶我們用數據思維認識現代金融前沿的投資法則。

難能可貴的是，作者除了介紹詳盡的投資方式、標的，也介紹了美國資產管理界重視的「行為財務學」的概念，讓我們認識到有什麼因素會導致投資失敗，以及有哪些對應策略可以避免？相信各位閱讀過後將獲益良多。

身為投資人以及投資顧問，我現在覺得投資像是一個「與時間談戀愛」的行為，過程中可能會有爭吵、冷戰，但如果你願意有點耐心去陪伴她，別像高速推土機一樣急著想要結果，用點心思維護這段關係，那麼她將會帶給你滿滿的回饋。

閱讀本書，你將會更了解如何去「與投資談戀愛」！

作者序

每年 5 分鐘，小資也能變富翁

如果人生中需要一本投資理財指南，期盼本書可以成為你心目中的那一本。

你好，我是陳逸朴，出生於 1988 年，目前的職業是軟體工程師。你也可以稱呼我為 YP，這是我在部落格上的暱稱，取自我的英文名。

首先，很開心你願意拿起這本書翻閱，但讓我先試著透過一件事情認識你：**你應該對於投資理財有興趣，或者是對賺錢的方法感到好奇，沒猜錯吧？**

其實幾年前我對這些事情一點興趣也沒有，以為只要努力工作賺錢、存錢就好；但就在某一天，我發現面對即將存下的一桶金，卻不知道該如何利用，實在是不知道如何是好。

剛開始，我自己糊里糊塗地嘗試不同的投資途徑，發現某些看似快速致富的方法，竟讓我**快速致負**。或許說到這，過往的你有著與我相同的心境；但另一方面，我也開始了一種過程中不太需要花費心力的投資方式。很意外地，這個投資方法，反而讓我一點一滴逐步累積資產，使得五六年前的積蓄，隨著全球股市的欣欣向榮，以及工作收入的成長，讓我目前的整體資產往八位數邁進。等同於現在即刻退休的話，**將可以透過資產帶來每個月 3 萬元以上的被動收入**，這對於大學與研究所都倚靠助學貸款的我來說，是想都沒有想過的事情。

我是靠什麼方法累積這些資產的呢？那就是本業收入、理財觀念的建立，加上「**指數化投資**」。

透過這本書，我將會告訴你，為什麼每個人都要投資理財？什麼又是理財的根本？你是否該需要保險？在說明這些投資前你該了解的事情後，再進入到本書的主軸：**每年 5 分鐘的指數化投資方式。我將從觀念、理論以及實作層面，協助你建立一套長期的資產計劃，邁向自由的人生。**

　　我預期你看完之後，將會理解為何我會介紹指數化投資，而非其他的投資方式，也將明白投資人應該徹底掌握的某些關鍵項目，同時了解為何可以在不花時間與心力的情況下，就得到優於大部分人的結果。

　　也就是說，這本書將總結我對於人生的投資理財看法。更重要的是，無論你是理財菜鳥還是老手，無論你的經濟能力是高還低，無論你擁有的資產是正還是負，如果你的目標都是改善現有的生活，我期盼可以藉由一本書的時間，能讓你對於未來充滿信心與期待，並且省下特別珍貴的時間，留給你最重視的人事物，賦予人生與眾不同的意義。

　　如果你有點心動，不妨就接著看下去。我想，這樣我就會很開心了。

主動享受生活，被動指數投資

「如果你沒辦法找到在睡覺時也能賺錢的方法，你將工作到死。」

——華倫・巴菲特

記得在小學的時候，都需要填寫家中的經濟狀況，當時我填入的描述是「小康」。出生在一個小康家庭，是很幸福的。例如我在很小的時候就有電腦可以使用，這可是件極其奢華的事，也種下了我想成為工程師的夢想。不僅如此，在父母栽培下，我也從小學習畫畫、書法、鋼琴等多項才藝，雖然目前都已經還給老

師了，但這些學藝費用加總起來之昂貴，可見我當時的家庭經濟狀況是真的還不錯。

然而好景不常，隨著家人的生意失敗及投資失利，家裡也陷入家道中落的窘境。過去的美好生活不再，只是當初我年紀還小，不太明白事情的真相，只知道一些以往的習慣消失，父母的爭吵變多，生活也變得必須節儉度日。隨著我順利考上大學，像大學學費這種大筆支出，家裡並沒有多餘的資金可以負擔，只好讓我先預支未來的金錢接受高等教育，等之後有能力賺錢再償還。而大學的生活費，也只能靠父母想辦法周轉資金來支應。

隨著年齡增長，我漸漸理解家裡的狀況，便開始了半工半讀的生活。上了研究所之後，我開始獨立生活，不曾再向家裡拿過一毛錢；除此之外，每個月我還會幫忙負擔家中的經濟缺口——也就是說，我的生活是處於一種「不僅得維持自己的生計，也得幫忙家中經濟以及替未來存錢」的情況。這種高度經濟壓力下的生活模式，反而讓我養成了節儉的好習慣，也讓我自然而然擁有**高儲蓄率**的技能。

我出社會的第一份工作是軟體工程師，收入算是相對優渥，讓我能在這幾年一邊儲蓄、一邊持續幫忙家中經濟，在自身必須

面對債務的情況下慢慢累積資產；但也因為家人過去的錯誤投資決策、曾經面臨的生活巨變，讓我深感金錢的重要性：

「儘管金錢不能解決所有問題，但是大部分的問題，都可以用金錢解決；反之，有許多人生的問題，也都是來自於金錢。」

我不想讓過去家人錯誤的財務決策，諸如不周全的財務規劃、因投資失利而受影響的人生規劃，在自己往後的人生重蹈覆轍。我也理解社會上有許多朋友都面臨與我相似的困境，他們在生活與工作中努力打拼，卻不懂得投資理財，也不太敢嘗試，深怕錯誤的投資決策會帶來虧損的結果；他們頂多會買個儲蓄險來賺點額外的收益，但對背負更多風險的投資行為，則是敬而遠之。

雖然**保守謹慎的理財行為沒有什麼不對，但大多數人其實都忽視了通膨帶來的危害**；另一方面，如果你其實有自己想過的生活（例如：以畫畫為生、當一位運動教練），但礙於現實生活的限制，或是生存所需，而不得不在當前的處境中掙扎，沒有多餘動力去設法實現，這不也是相當可惜嗎？

再者，**保守的理財行為會遇上的最大難題，莫過於我們的退休金準備**，單靠保守的儲蓄，是無法抵達理想的退休生活的。

好比我的父母儘管已經上了年紀，但依舊得為了生活辛苦打

拼，但總有一天他們的體力會大不如前，無法維持現有的工作。如果他們能在過去避免一些錯誤財務決策，早一點擁有投資理財的知識並實際執行，他們現在可能就不必那麼辛苦，而是已經在悠閒享受退休人生了。

我想表達的是：兩個人賺錢，遠比一個人賺錢來得快。**而那另外一位可以替你賺錢的人，正是你的金錢。**

不過，我們對於投資的既有印象是「兩個人賠錢，會比一個人賠錢來得快」，這是不爭的事實。因此，擁有正確的理財觀念與投資方法，就顯得非常重要。

那我究竟是如何投資的呢？

我自認不算笨，學習的速度也還算快，當時雖然知道市場上有所謂的主動投資與被動投資，但並沒有深入去了解。我剛開始除了買入所謂投資達人推薦的個股外，也嘗試學習使用技術派的指標，想要看著線圖抓到股價轉折點，達成靠買低賣高獲取報酬的境界；但這種殺進殺出的投資策略，卻讓我感到異常挫折與焦慮，不但花費大量精力與時間，還因此失去了許多寶貴的睡眠時間（用來盯美股），最終也未從繳出的學費中獲得穩定獲利的聖杯，可謂賠了夫人又折兵。

　　實際嘗試過後我才知道，要拿到高額報酬並非輕而易舉的事；不過幸運的是，我也在因緣際會下認識了「指數化投資」。我一開始對於這種違背直覺的投資法充滿質疑，但反思自己主動投資的失敗經驗、開始深入研究後，反而驚為天人。這種投資法不但能輕易上手，而且愈是接觸這方面的資訊，就愈是加深我對於指數化投資的信念。

　　在過去幾年，指數化投資陪伴我經歷美國總統大選、英國脫歐、COVID-19 股災，在這些金融風暴的洗禮之下，我不但全身而退，更因為持續投入參與複利，累積了愈來愈多的資產。

　　不只是自身實際投入的歷程，從分享給他人的經驗之中，我也深刻意識到：指數化投資，正是適合所有人的投資方式。這是一種無關你的背景、資金大小，任何人都可以採取的投資方法，你只需要理解指數化投資的理念，就能始終如一地投資。**這種每年只要 5 分鐘的投資法，也不會因為花費的時間太少，就讓賺錢效果大打折扣，反而還能讓你獲得更卓越的結果。**

　　我們的生活始終與金錢脫離不了關係，過去的我由於太晚得知這些寶貴的知識，導致走了一些冤枉路；我的家人也因過去錯誤的投資決策，讓多年的積蓄消失殆盡。我不希望各位讀者也走

上相同的路，因為我相當理解處於經濟壓力之下的生活有多不好過，也很清楚在這種生活下的選擇甚少。

我期盼能幫助想要懂理財、想要改善未來生活，或是曾在投資中失利的每一位讀者，希望能讓各位重拾希望，進一步追求擁有更多選擇的自由人生。

這本書將告訴你該如何從零開始規劃人生，並透過儲蓄、保險以及指數化投資適度承擔風險。即使是收入不多的小資族或中產階級，也有相當高機率在退休之際擁有千萬資產，並獲得每月3萬元以上的被動收入。同時，本書也能夠讓你對於人生最大的財務課題——退休金的準備——有點方向與期待。

當然，如果你更有野心，想要提前並加速達成目標的時間，書中也提供了協助你完成目標的方法。

面對人生珍貴的每一分每一秒，只要採用指數化投資，就不需要深奧的投資技巧，更不需要每天盯著股市的數字，一年只需要花費5分鐘的時間，小資族也能實現千萬美夢。

現在，你只需要閱讀一本書的時間；未來，你只需要付出耐心等待；日常你只需要享受美好生活。

如果這樣的條件沒有問題，那就讓我告訴你該如何開始吧。

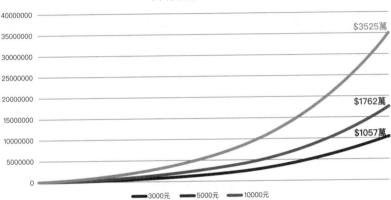

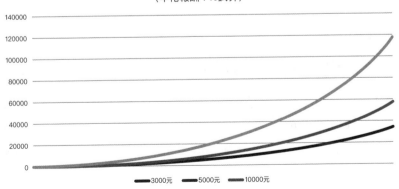

Contents

第 **3** 章

被動投資：365 天自動賺　　　099

第 **4** 章

從零開始指數化投資　　　141

第 5 章

小資族的指數化投資攻略 275

第 **6** 章

賺錢賺自由，邁向第二人生

第 ① 章

不投資理財，
會怎樣嗎？

金錢是一種很特別的存在，它能夠是一種信任的表徵，也可以是交易的媒介。金錢是一項可以用來完成你目標的工具，更重要的是，金錢得以讓我們生存於現代社會之中。然而，面對金錢如此重要的課題，學校教育中卻甚少能學到相關知識。沒有老師會教導我們該如何有效率地使用金錢，大部分的金錢觀與價值觀，都淬鍊自我們的家庭教育與個人體悟。我們可能會學習父母的理財方式，對於親友的錯誤決策引以為戒，或是藉由與朋友間的交流、模仿，思考出自己的一套人生金錢觀。

也就是說：**如果沒有特別去學習接觸，我們每個人其實都不太會理財。**但面對足以影響我們生存重責大任的金錢，我們不得不依據自身的經驗法則去處理，有時候可能處理得還不錯，有時候則是糟透了。儘管我們在每個當下所採取的任何金錢決策，肯定都是經過思考且能夠說服自己的方式；**但在我們沒想到的地方，往往存在著更好的選擇。**

就像是尚未投入理財的我一樣，只懂得盲目地存錢。在我有限的想法中，存錢絕對不會錯。在沒有進一步理財規劃的情況下，存錢確實是種保守可行的作為；但只懂得存錢的我，卻沒有發現自己忽視了一件非常重要的事情——那就是**通貨膨脹**。

1-1　通貨膨脹會偷走你的錢

　　在日常生活中，存在著一位我們看不見的小偷，悄悄偷走我們辛苦賺來的金錢。大多數的民眾對這件事情都很無感，因為當他們翻開皮夾、看見帳戶的數字時，金額並不會有任何變動；因此他們沒有意識到，儘管數字沒有變少，但實際上我們能買到的東西，早已不如從前。

　　二十年前珍珠奶茶初露頭角，身為學生的我總是喜歡來一杯珍奶，我當時購買的價格就是全台統一的 25 元；而時隔多年之後，珍珠奶茶一杯已經要價 50 元；當初只要 5 元的養樂多，現在也要 8 元以上。換句話說，雖然我們的錢沒有真的被偷走，實際買得到的東西卻變少了。讓實際購買力下降的罪魁禍首，就是「通貨膨脹」。

　　根據台灣行政院主計處的統計資料，1981 年的消費者物價指數為 55.24，2021 年 6 月底的數字為 104.14，換算為年化報酬率得到的年通膨率為 1.6%，遠高於目前 0.8%的定存利率。[1]

　　想想你在四十年前好不容易省吃儉用，存下第一桶金 100

萬，隨著時間過去，你猜猜目前的實質購買力剩下多少呢？ 只剩 52 萬多，很誇張吧？你有將近一半的資產都被通膨給偷走了 **(圖 1-1)**。

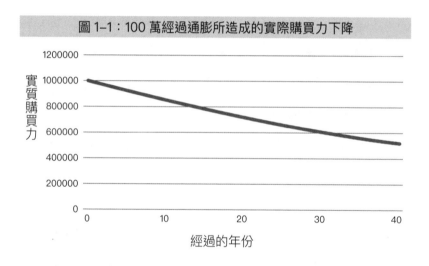

圖 1-1：100 萬經過通膨所造成的實際購買力下降

假設你目前的投資理財方式單純只有儲蓄，通膨這位隱形的小偷就會陪伴著你一輩子；直到你要花錢的時候，才會意識到錢變薄了，很多東西都買不起了。

換句話說，這種看似不用承擔虧損風險的理財方式，實質上卻是讓我們的資產溫水煮青蛙，一步步喪失實質購買力。面對通

膨，僅持有現金或貨幣型資產的人們，將是最嚴重的受災戶；而持有可抗通膨資產，例如股票、債券與房地產的人，才有能力對抗通膨，免於實質購買力下降。

因此，面對通貨膨脹所帶來的巨大影響，你必須要投資，設法讓投資這位警察緊緊抓住通膨小偷，保全你辛苦的血汗錢。

1-2　當主動收入 Bye-bye 的那天 ...

生老病死，是每個人必經的歷程。在未來的某一天，我們可能老了，變得沒辦法工作，但我們勢必得繼續生存下去。在失去主動收入的情況下，不管是透過親人幫忙，或是依靠自己的積蓄，我們始終都得面對失去勞動收入的日子。

你或許不曉得，我們本身所擁有的人力資產，其實是我們人生中最強大的金錢收入來源；隨著我們年齡增長，人力資產會逐漸上升，直到一定的時間過後，便開始慢慢下滑，甚至不再獲得收入。這也就是說，我們的人生其實可以分為三個階段，而這三

大階段，正是代表人生中三大支撐生活的模式：

● 無收入能力

● 工作

● 退休

　　擁有良好的工作能力，並且懂得理財儲蓄的人，可以藉由工作收入累積足夠的退休金，也就是隨著時間的轉動，一步一步地看著資產累積成長。當累積資產的曲線與退休總支出相接的時刻，正是準備邁向退休的甜蜜點（圖 1-2a）。

　　不過現實情況往往無法這麼順利，根據媒體調查，民眾在財務課題上最擔憂的部分，即是退休金準備不足。雖然我們可以透過儲蓄保有一定的資產，但是一來儲蓄會遭受通貨膨脹的損害，實際購買力下降；二來我們從工作收入所獲得的儲蓄，不見得能累積到足以支應年老生活的金額（圖 1-2b）。而在這之中，面臨此難題最艱困的族群，莫過於收入不高的小資族。甚至在上有雙親、下有兒女的雙重支出底下，無一處不需要花錢，退休生活根本是小資族無法想像的美夢；取而代之的是，為了維持生計，他們必須辛苦工作至死。

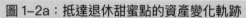

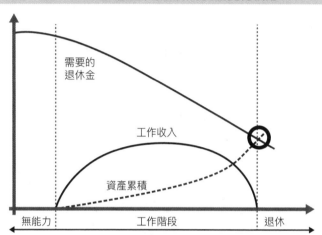

圖1-2a：抵達退休甜蜜點的資產變化軌跡

需要的
退休金

工作收入

資產累積

無能力　　工作階段　　退休

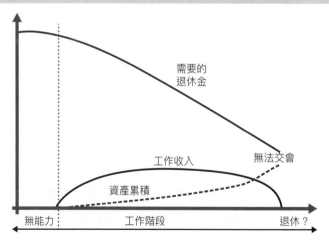

圖1-2b：收入不高的小資族難以抵達退休甜蜜點

需要的
退休金

工作收入　　無法交會

資產累積

無能力　　工作階段　　退休？

因此，面對所有人都會遭遇的人生課題——退休金的準備——我們必須要著重於兩件事情：

1. **投資自己**：投資職場技能，提升個人價值，獲取更多的主動收入。

2. **投資財富**：讓金錢替你工作，獲取被動收入，加速資產的累積。

只是每個人的時間終究有限，將時間花在投資所面臨的風險，遠大於將時間花在自己身上。畢竟，學習技能所獲得的好處，我們可以實實在在地擁有；**但花時間研究投資，卻不一定會有回報，甚至還有可能造成反效果**。但由於兩者都有機會替我們加速資產的累積，因此在時間有限的情況下，在「投資自己」與「投資資產」上做好有效率的時間分配，是極其重要的事情。

資產的累積速度，取決於本金的提升與投資的複利成長。透過主動收入帶來挹注資金的變化，是非常明顯的；依靠投資的獲利結晶，則是需要經過漫長時間的等待，才看得出其效益。因此，為了能讓我們順利抵達退休的甜蜜點，甚至提前這個時刻，**我們必須投資，我們應該選擇花費較多時間投資自己，獲取更多收入；我們要避免花費太多時間研究投資金錢，而是透過耐心等待，等**

待複利成長。

　　換句話說，**專注本業成長，主動享受生活，被動指數投資，**這種多管齊下的方式，正是克服退休金不足的最佳方法。

1-3　投資自己，是最好的投資

「投資自己是你所能做的最好事情。如果你有天賦，沒有人能將它奪走。」

——華倫・巴菲特

　　生存在一個什麼都需要金錢的社會，我們藉由貢獻自身的價值來換取收入，並得以生活。但最大的問題在於：我們總有一天會失去主動收入，雖然我們可以透過儲蓄累積資產，但是如果我們沒有提升自身價值、沒有投資抵抗通膨，我們就有相當大的可

能必須一直工作下去，等不到甜蜜點誕生，也等不到可以退休的那天。

提升本業收入雖然並非本書範疇，但你必須謹記在心：**人力資本是我們最大的收入來源，必須花最多時間灌溉呵護；而如果你想知道如何採取最有效率、最實用的投資方式，那這本書正是絕佳之選。**

一位懂得提升自己收入與讓錢滾錢的小資族，不但可以讓自己獲得對退休生活的期待，甚至有機會提前退休的甜蜜點，擁有更多的時間自由與選擇，不受經濟情況拘束。這個方法絕對可行，我正是把握這兩項要點，來規劃自己的人生藍圖（**圖 1–3**）。

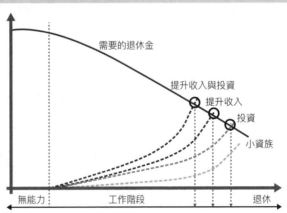

圖 1–3：雙管齊下加速退休金的累積

第 ② 章

投資前你應該
知道的事

2-1 如何踏出投資的第一步

「收入－儲蓄＝開支。因為『這是把自己放在第一位』。」

　　懂得賺錢的人，並不能稱得上是懂得理財的人。在你周遭的朋友中，你一定認識幾位很會賺錢的人，對於他們非凡的賺錢功力，我們望塵莫及。但你可能不曉得，能夠賺進大把鈔票的他們，或許並非如你想像的一般，是能夠累積財富的人。

　　在眾多理財書籍中有個永恆不變的準則，說它是理財界的聖杯也不為過，那就是「儲蓄」。「儲蓄」是要踏入理財之門中，最艱困的一步，卻也是至關重要的一步。

萬丈高樓平地起，能夠累積資產致富的人，沒有一個人不是從零開始，沒有一個人不是靠儲蓄所獲得的。你可能難以想像儲蓄的威力，畢竟世界上的有錢人離我們的距離實在太遠，無法讓你有深刻的體會；但你不妨轉身看看身旁的人，你無法否認他們所擁有的資產，沒有一分錢不是從儲蓄而來的。

不懂得儲蓄，辛苦賺取的金錢就會隨著消費遠去，就像是一位不聽管教的孩子，對於父母的諄諄教誨左耳進、右耳出，過程中不曾進到腦袋過。投資理財這條道路，也是如此。不管如何，你一定得將辛苦賺來的錢，優先保留給自己。如果你不懂得儲蓄，將永遠沒有門票可以踏入投資這趟旅途。

儲蓄的理財方程式

俗話說「頭過身就過」，但面臨存錢的議題，大家往往真的不好過。因為每當薪水發下來，先扣掉勞健保，再扣掉一部分當房租、扣掉一部分當孝親費，然後扣掉一些生活費、交通費，還有社交支出，最後就所剩無幾。乾脆這樣吧，不如就選擇活在當下，反正存也存不了多少，乾脆就都花光吧。

你的心聲也是如此嗎？

生活的花費太多，壓得我們喘不過氣，獲得的收入又不足以儲蓄，套一句比較現實一點的話：連生活都快過不下去了，哪來的錢可以存？如果你始終抱持著這樣的想法，對於現況其實沒有任何幫助。不僅如此，你還會錯失輕鬆致富的方法，因為致富的關鍵就在於儲蓄。

要擺脫無錢可存的困境，首先要改變的就是你的數學方程式。什麼方程式呢？那就是「理財方程式」。

其實在你生活的過程中，已經默默存在一套理財方程式。回想一下，當你拿到薪水之後，都做了些什麼事情呢？當收入才剛剛進到你的口袋，你是不是馬上又把錢都交了出去呢？你沒有把半毛錢留給未來的自己，正是這樣的過程，讓你寫下了一道理財方程式：

$$收入 - 支出 = 儲蓄$$

　　一旦我們選擇將獲得的收入優先留給別人，或是犒賞自己的
辛勞，剩下的就是那空蕩蕩的戶頭。尤其對於所謂的「月光族」
來說，他們的支出往往等於收入，導致了零儲蓄的結果，這樣的
方程式顯然是有問題的。

　　如果你想擁有不一樣的人生，勢必得修改這個錯誤的理財方
程式，讓我們來做一個小調整：

$$收入 - 儲蓄 = 支出$$

Perfect ！

　　一旦你調整支出的順序，就不難發現，儲蓄代表的其實是「將
自己的優先順序放在第一位」，而不是別人。當你把資產留給未
來的自己，這些資產將會在未來帶領你完成自己想做的事情。

　　調整支出的順序後，你一開始可能會不太習慣。因為在你過
去的消費習慣中並沒有儲蓄的概念，而現在不但要無中生有，還
要排在支出的第一順位，這並非易事。儘管如此，為了讓人生可
以朝著理想的目標前進，這邊提供你一些小方法來幫助你完成這
樣的調整。

我可以存多少錢？

理財如同作戰，你得知道手上的子彈有多少。

對於是否該記帳，你可能聽過許多不同面向的說法，但我認為「需要，也可以不需要」。這是什麼意思呢？我想表達的是，剛開始踏入理財的你，的確需要記帳，因為我們都得透過記帳才能了解自己的支出方向。例如：你是否清楚目前的生活費占收入多少比例？在娛樂方面又占了多少比例？在過往的花費中有哪些是必要，哪些又是非必要？每個月可以剩下多少餘額？這些問題其實都可以透過記帳找出答案。因為你必須知道你現在的生活模式是用你的收入如何建構出來的；而你又留下了多少盈餘，用來建構你未來的生活。

知道這些金錢流向的細節要做什麼呢？ 其實這正是記帳的目的——**規劃預算以及調整支出。**

身為一名要到前線作戰的理財士兵，有了明確的作戰目標後，接著就是盤點自己的作戰裝備，才能出發。

記帳就是讓你了解自己目前的資源有多少，在過去與未來既定的生活模式之下，錢會需要花在那些地方，以及是否能夠透過

調整支出騰出一些空間來儲蓄（投資）。我看過很多人記帳記得相當勤勞，但卻沒有改善任何既有的財務問題。問題出在哪裡？因為他們記帳就只是記帳，卻並未因此調整生活模式。就好比你生病了去看醫生，醫生囑咐你要準時吃藥，並且要多喝水休息；結果你完全沒有照做，也沒有依照醫囑服用藥物，更甭提改變日常生活。儘管你確實去看了醫生，但也僅僅就是讓醫生評斷病況，卻未曾採取行動對抗病毒，這樣的話再高明的醫生也無用武之地。

記帳的目的就是讓你知道目前的財務狀況，了解現在以及未來有沒有可以調整之處，幫助你完成財務目標。

這樣聽起來我們確實有記帳的需求，那為什麼我又說不需要記帳呢？

你可以思考一個問題：在過去的一兩年，或者更久一點的五六年，你的生活模式是不是沒有太大的變化呢？你可能是平日早出晚歸的上班族，週末偶爾吃個好一點的餐廳；你可能會在連續假期出遊，有機會的話也會出國小旅行一下。

從小範圍的時間來看，我們每天的日子其實過得很規律；從大範圍的時間來看，每年要做的事情其實也差不多。這說明了一件事情：在沒有什麼大變動的情況下，我們的生活支出相對而言

不會有什麼明顯的改變。這就是我認為除非你的生活有一定程度的改變，否則在掌握好收支之後，可以不需要記帳的原因。如果這個改變會讓你的收入或支出有顯著變化，那就是你需要再次盤點自己資產的時機。

我該存多少錢？ 1,000 ？ 3,000 ？ 5,000 ？

「該存多少錢」跟「能存多少錢」多少有點關係。從上一步的記帳，你大概知道自己每個月可以透過適當支出與個人取捨得到一個儲蓄的數字，這個數字因人而異。你一開始得透過儲蓄累積緊急備用金（關於這部分我會在章節 2-2 說明），一旦你準備好緊急備用金，就是該為未來的自己儲蓄和投資的時候了。

對於未來的生活，你所期望的生活模式會是什麼模樣？需要花費多少金錢建構？在合理的報酬率之下，你又該準備多少可投入的儲蓄金額？這就是你該存多少錢的答案。

假設你算出來每個月需要儲蓄投資的金額是 5,000 元，但是你目前只能存下 3,000 元，又該怎麼辦呢？

這問題不難解決，有兩種方法：

● 提高收入

● 降低支出

雖然兩者的目的都很明確，那就是提高儲蓄率，但要在短時間內提高本業收入並不是件容易的事情，所以大多數人會選擇降低支出來達成目標。不過，如果想要從降低支出來著手，你得理解，除非刻意抑制慾望，否則你所謂的「必要支出」並不太會改變。

這裡提供一個小方法：你不需要一開始就挑戰大魔王：讓儲蓄金額從 3,000 元馬上跳到 5,000 元，而是可以採用循序漸進的方式，例如下個月挑戰存下 3,500 元，沒有問題後再跳到下一個階段 4,000 元，以此類推，漸漸適應過程中帶來的改變。

有些人則是會採取儲蓄率的方式規劃自己的財務目標，相同的方法也可以適用。假使目標儲蓄率是 20％，而目前是 10％，你可以透過每月（年）+1％、+2％的方式來增加。如果覺得很容易達成，那表示其實你可以存下的錢比你想像的還要多，很多事情都要在你嘗試過後，才會知道自己的能耐有多大。

透過自動化儲蓄對抗衝動

如果手裡沒有錢，你就不會想花錢。

有鑑於科技的進步，現在要做到儲蓄這件事實在是太容易了。你很難想像在我們父母的那個年代，要將錢存到銀行有多麻煩：獲得收入後要先抵抗花錢的慾望，好不容易留下餘額，還得跑一趟銀行，抽張號碼牌後等上好一陣子，才能將現金連同填好的存款單一同交由櫃員處理。

不過你現在有更方便、更自動化的方式可以存下你的每一分錢：市面上有許多數位帳戶（FinTech），不但擁有媲美定存利率的優惠活存，還提供線上開戶的服務，有的甚至還是純網銀，沒有任何實體據點。也就是說，如果你想開一個儲蓄帳戶，大可不必實際跑到銀行，只需要在家上網填好個人資訊，就可以順利開設，相當方便。

一旦你開好儲蓄用的帳戶，請把握兩個原則：

● 預約自動轉帳：把錢放到它應該在的位置

● 自動轉帳日期要設定在薪水入帳後

　　假設你的薪水入帳日期是每月 5 號，你可以將自動轉帳日設定為 6 號，也就是發薪日隔天，將預期儲蓄的薪水轉至儲蓄帳戶。我建議你每年設定好一年份的預約轉帳服務，原因在於薪水每年都有機會調升，調升後的薪水也會影響你能儲蓄的金額。如此一來，你就能在設定預約轉帳的時候一併調整，一舉數得。

　　這項方法不只適用於儲蓄，對於生活費、房貸、保險費用等其他有規劃好預算的項目，你都可以藉由預約轉帳功能將錢轉到相對應的扣款帳戶。透過自動化儲蓄及預約轉帳功能，我們可以確保自己收入的每一分錢，不會因為個人情緒而有所走失。

儲蓄是一種紀律的表現

　　許多人認為只要增加收入，就可以順利解決財務問題。但事實上，大部分的情況並非如此。就如同我們一開始所提到的，很會賺錢就等於很會累積財富嗎？並不見得。因為財務問題的關鍵在於你的消費習慣，也就是你的支出；一旦你搞錯了理財方程式的順序，就會浮現財務問題，讓你沒辦法好好存錢，甚至完全存不到錢。

　　本章節中除了告訴各位讀者儲蓄的必要性，也說明了儲蓄的最佳方式：先開立一個儲蓄帳戶，規劃合適的儲蓄金額，並使用自動化的儲蓄方式，透過科技優勢減少人為干擾。

　　儲蓄是一種紀律的表現，是一種將自己擺在第一位的高層次行為。當你將自己視為最重要的資產，儲蓄自然就會水到渠成，而且不需要花上許多時間以及步驟，光是簡單的幾件事，就足以大大改變你的未來。

COLUMN　定存小常識

　　「定存」是一般人最常運用的理財方式之一。所謂的定存，相當於我們將資金借給銀行運用，由於這樣的行為屬於借貸關係，銀行會與你約定一份利息；待此項合約結束，客戶就能拿回借給銀行的本金以及利息。約定的時間愈長，利息通常會給得愈多，但由於大部分的定存隨時都可以取消，所以我們其實可以將定存視為一種不定期的債券。定存大致上可分成三種：

● **整存整付**：存入一筆資金後，將定存期間獲得的利息滾入本金中，最後將本金連同利息一起歸還──適合有一筆金錢，且長時間不會動用的人。

● **存本取息**：在定存期間獲得的利息不滾入本金，而是每個月領取利息，待期滿再領回本金──適合每個月需要現金流的人。

● **零存整付**：跟整存整付很像，只是改成在每個月存入一定金額，利息會隨著本金複利計算至期滿──適合需要

強迫定期儲蓄以累積資金的人。

在定存的過程中，你一定有遇過一種情況，那就是逼不得已得將定存解約。如果定存約定時間尚未到期就中途解約，銀行就不會完整給予你原本約定好的利息，到你手中的利息也就會打折。

因此，如果你是透過定存來儲蓄或準備緊急備用金，就可以藉由**「將大額定存拆成小額定存」**的方式，來避免中途解約的問題。

如果你有 10 萬元現金，一般人很容易直接與銀行建立一份 10 萬元的定存約定；但如果發生緊急狀況，需要 5 萬元現金支援，我們就得解約這份 10 萬元的定存，利息也會在這樣的過程中損失。我建議你不妨將這 10 萬元，拆成金額不等的小額定存，例如 5 萬元、2 萬元、2 萬元、1 萬元的組合。

如此一來，你只需要解約 5 萬元的定存單，就足以應付緊急狀況的需求；剩餘的 5 萬元則還保有完整的定

存約定，不會造成額外的利息損失。如果你將定存金額都設定得較小（例如 1 萬元），在使用定存的方式上自然會更加有彈性，也更能符合實際需求；只是如果將來需要的臨時支出比較龐大，就會需要相對較多的步驟將定存變現，算是一個小缺點。

　　你想透過定存儲蓄，或是已經透過定存的方式在儲蓄了嗎？不妨就從小額定存開始，或是妥善規劃你的定存型態吧。

2-2 理財鐵三角

明瞭儲蓄為一切財富的源頭之後，就要進到如何打理你與金錢之間的關係，也就是「理財」的部分。除了前一章所提到的投資，其實還有兩件更重要的事情排在它之前，那就是**「緊急備用金」**與**「保險」**。許多人投資時沒考量到這兩項優先權更高的項目，結果不但沒能獲得更好的績效，還可能在意外來臨之際破壞行之有年的投資計劃，甚至讓好不容易累積下來的財富一夕歸零。

為了避免憾事發生，降低人生中不可預期的風險所帶來的危害，你需要用緊急備用金做當作基底、保險當作緩衝，並以投資加速資產增長，以**「理財鐵三角」**做為實現累積財富過程的指引。

圖 2-1：理財鐵三角

投資

保險

緊急備用金

（一）備用金比富爸爸更重要

投資理財鐵三角的基底，不是富爸爸也不是富媽媽，而是緊急備用金。

根據美聯儲（FED）在 2017 對美國居民所做的調查，**當遇到緊急情況，需要 400 美元（相當於新台幣 1.2 萬元）的費用時，每 10 名成年人中竟然有 4 名拿不出錢來**，他們只能透過借錢或賣東西兌現的方式支應緊急費用。[1]

老實說 400 美元並不是什麼大金額，但是竟然有高達 4 成的美國人無法拿出這筆錢。

據說相較於西方國家，東方人的儲蓄習慣相對較佳，但真的如我們想像中的好嗎？

2020 年金融研訓院的報告指出，所電訪的全國 2 萬 2,601 名民眾之中，有近三成民眾金融風險抵抗力低；若面臨急病或意外，則有將近兩成民眾無法在 1 週內籌到 10 萬元。[2] 雖然 10 萬元的緊急備用金比前面的 400 美元高出許多，也幸好我們只有約兩成的民眾拿不出錢來；但報告也指出，台灣人的儲蓄表現差異很大，幾乎零儲蓄的民眾與儲蓄很多的民眾分別占了三成。

由此可見，不管是西方國家，還是台灣，都可以發現**有許多**
民眾其實並不擅於理財。

因此，當你懂得儲蓄的重要性之後，首先要做的事情就是準
備你的緊急備用金。最合適的緊急備用金來源就是現金，需要時
間變現，或是有價值波動風險的其他類型資產，都不適宜當作緊
急備用金的選項。

緊急備用金怎麼存？

當你決定好要存下一筆緊急備用金之後，我建議你開立一個
緊急備用金專用帳戶，存放為了意外花費而準備的資金，除非遇
到需要使用的狀況，否則只進不出。

開設一個獨立帳戶的好處很多，由於是專戶使用，緊急備用
金就不會與其他項目的資產混在一起，只要檢視該帳戶，即可馬
上得知目前擁有的資金總數。另一方面，你也能透過預約定期轉
帳的功能，從收入中存入現金，就跟我們前面談到的儲蓄方式一
模一樣。

緊急備用金要存多少？

按照一般坊間的需求，建議備妥 **6 個月左右的生活費**。這個數字有其根據，緊急備用金不外乎就是在失去工作收入時，足以維持生計的花費；而根據政府統計過去二十年間的平均失業週數，約為 22 ～ 30 週之間，差不多就是 6 ～ 7 個月的時間。[3]

假如每個月的支出是 2 萬元，就必須準備約 12 萬的緊急備用金；如果你是屬於更保守謹慎的投資人，也可以將緊急備用金的金額設定得更高，直到自己覺得安心為止，例如一年的生活費，或是某個特定金額。但要注意的是：不怕一萬、只怕萬一，寧願多準備一點，也不要過少。

緊急備用金要存多久？

這取決於你的儲蓄率。假如你正在準備半年（12 萬）的生活費，一位月薪 30K 的小資族每月能存下 10％薪水做為緊急備用金，相當於 3,000 元；一年存下金額為 3 萬 6 千元，那要花多久才能存滿 6 個月的緊急備用金呢？答案是：3 年多。

想到這裡你可能會嘆一口氣：我都還沒開始投資，就必須先存個 3 年緊急備用金才能邁向下一步，哪來的耐心等這麼久？

是的，沒有錯。**我真心建議沒有準備好緊急備用金前，千萬不要做其他的投資規劃。**緊急備用金就是你的救命錢，是能陪你度過短期危機的錦囊妙計，一旦危機降臨，但你沒準備好錦囊，那就可能演變成窮途末路。

你可能會問，如果準備時間需要這麼久，有辦法縮短時間嗎？

當然可以，那就是**提高你的儲蓄率。**只要能將原本每月儲存的 3,000 元提升至 6,000 元，甚至是 9,000 元，都能大幅縮短緊急備用金的儲蓄時間。如果你一開始的儲蓄率太低，一定會面臨時間拉太久的問題。如果想縮短準備時間，就必須設法提高儲蓄率，來做好備用金的準備。

緊急備用金正是投資理財鐵三角的基底，每個人都必須正視這項資金的準備，因為生活中一定會出現我們預期之外的花費，例如：失業時的生活支出、意外修車的費用、房子修繕的費用、置換家電或是搬遷費用等等。不管我們再怎麼做好未來的風險評估，意外就是會在意料之外時到來，唯有準備好緊急備用金，才能讓我們在面臨突如其來的額外花費時，可以從容不迫地面對。

（二）保險幫你轉嫁投資風險

當你準備好緊急備用金後，就可以進到投資理財鐵三角之二
──保險。

保險的概念，其實跟緊急備用金有點相像，都是為了意料之
外的壞事而準備的項目。保險與緊急備用金的差異，在於後者是
自己承擔風險，前者則是可以依靠別人幫忙轉嫁風險；也就是說，
保險是一種**集合眾人力量分攤風險**的方法。

在聊保險之前，我們先來買個彩券：

1. 目前有兩張 100 元的樂透彩券：

A：有 90％的中獎機率會中 1 萬元

B：有 0.1％的中獎機率會中 900 萬元

你會選擇購買哪一張呢？ 我想大部分的人應該都會選擇 A 彩
券購買，因為有高達九成的機率可以賺 1 萬元，根本就是勝券在
握，不賺白不賺。但也有一部分人會覺得要賭就要賭大的，他們
只看大錢，對小錢沒有興趣，但結果通常是完全落空。

2. 接著你走一走，又逛到下一家彩券行，同樣是彩券，但這
   次賣的可就不一樣了，賣的是賠錢券，如下：

A：有 90% 的賠錢機率會賠 1 萬元

B：有 0.1% 的賠錢機率會賠 900 萬元

是不是變得難選了？畢竟兩個選項都會賠錢，常理下根本不
會有人買；但如果硬要你選一張買，你又會怎麼選擇呢？

我想這會取決於你的經驗與價值觀。如果你選擇的是 A 彩券，
代表你是一位不希望自己承受巨大損失的人，會願意支付些許費
用來避開意外災難；而如果你選擇的是 B 彩券，代表你是一位勇
於冒險承擔風險的人，你相信自己的運氣還不錯，所以你會傾向
於賭一把，不讓自己的財富有所損失。

而不管你的選擇是什麼，你會發現，這其實代表了你對生活
中任何可能發生的風險所抱持的態度—— A 代表會買保險的人，
B 則代表不買保險的人。

我們的生活每天都在發送大大小小的賠錢券，不小心跌倒扭
傷了腳，是張大機率的小賠錢券；騎車恍惚不小心撞到分隔島自
摔而骨折，是張價值幾萬元的賠錢券。而問題是：誰會領到而誰

又會中獎，都是老天爺的決定，無法由我們自己主導。萬一你不小心運氣太「好」，領到小機率賠大錢的 B 彩券，又「幸運中獎」時該怎麼辦呢？ 對比小賠 1 萬的 A 彩券，如果碰上賠 900 萬元的超級大獎，一般市井小民哪來的能力可以負擔呢？

　　真正的問題並不在於你能不能負擔，即使你無法付出這麼多錢，碰到時還是得要面對。那究竟什麼樣的人需要保險呢？

　　很明顯地，面對這種突然冒出的鉅額支出費用，除非你家財萬貫，否則每個人可能都需要擔心。**實際上有能力且有購買保險需要的人，正是資產位於中間的群眾，也就是說：大部分的人都應該要購買保險。**原因無他，面對幾十萬、幾百萬的花費，這樣的風險並非如同你我的市井小民所能夠承受；而幸好，我們可以透過保險轉嫁這個風險。

　　不過，保險也並非是讓你從此高枕無憂的保證。主要原因在於風險轉嫁是有限的，我們通常會希望因風險產生的所有費用，都可以由保險公司來支付；但大部分的理賠狀況下，保險公司僅會支付部分費用，你有很大可能仍須支付不少因風險產生的費用。

　　也就是說，如果能將花費全權交由保險公司處理，一切就非常完美了對嗎？不過現實不可能那麼完美，一來是保險並不能處

理你所有未來會遭遇的風險；如果有的話，那將會是天價保單，你我都負擔不起。二來，保險公司可不是省油的燈，更不是慈善事業，而是以賺錢為目標的商業公司，所以他們會謹慎評估你的身體狀態、計算合適的保單費率，並評估發生的機率，才發行能夠讓他們賺錢的保單；否則一個差錯，不是保單停售，就是公司得關門大吉。

保險不是白吃的午餐：定期險 VS 終身險

天下有白吃的午餐嗎？至少在保險這個地方是沒有的。有些人認為繳了保費都用不到，就是在浪費錢；但你或許可以想想：如果保險一定用得到，這還是保險嗎？一筆將來肯定會獲得的理賠，對你來說是穩賺不賠的投資，錢不但能夠回收，還可能倒賺一筆；但對保險公司而言，就會是個穩賠不賺的投資，賠錢生意是沒人會做的。所以你必須意識到：

保險，是需要付出成本轉嫁未來的風險。

保險，是用來轉嫁未來不可預測的風險。

從另一個角度來看，買保險其實就是跟保險公司賭博，賭什麼呢？**那就是花錢押注，賭你未來會發生風險。**一旦未來發生意

外，需要轉嫁風險，你就贏了，也獲得報酬；要是你一路順遂、平安健康，你就輸了，也賠了賭注。

誰都不想要未來有任何風險發生，但這並不是我們能夠決定的事情，有時候運氣不是太好，意外就會突然降臨在我們身上，或是降臨在我們的家人身上；但為了能夠減輕風險所造成的影響，我們逼不得已得付出成本，下注在我們未來會發生問題的賭局。

賭場需要賭客支付賭資才能進行，保險公司也需要保戶支付保費才能讓契約成立，道理是相同的。在眾多賭注中，我們幾乎都盼望著能夠贏下賭局；但唯獨在保險中，我們都盼望這場賭局是我們輸了。因為一旦我們贏了，後果將不單只是金錢問題，更多的是金錢換不回的事物。

假如你所付出的保費都沒有使用到，那才是值得慶幸的事情。因為至少到目前，你擁有一個順利健康的人生，這是很值得驕傲的事情。而一旦你決定要規劃保險，有幾項原則是我想與你分享的：

1. 錢要花在刀口上，採取**低保費高保障**購買原則

2. 面對不同的風險，**先保大再保小**

3. 明天和意外不知道哪個先來，**先保近再保遠**

關於這三項原則，正好可以回答許多人都想了解的一個問題：要買定期險好，還是終身險好？兩者的基本差異如下：

● **定期險**：每年簽約一次，每年繳款，在保單最高年齡之下可以自行決定想要保的年限，但只有在繳費當年才有保障，沒有保就沒有任何保障。

● **終身險**：繳費年期通常是固定的區間，例如 20 年或是 30 年，必須持續繳滿保費，而保障的期限是終身，保到終老的意思。

乍看之下，終身險似乎比定期險划算，只要繳滿一定年份的保費，保戶就可以享有終身保障，繳費當下同時也享有保障；而定期險每年都要繳費，保費還很可能會隨著年齡調漲，有些保單還有承保的最高年齡限制，超過該年齡之後就無法再承保了。這樣看來，是否代表終身保險是比定期保險更好的選擇呢？其實並非如此。

雖然終身險只要在一定年限內繳完保費，就能享有終身保障，聽起來似乎是個很誘人的投資，但實際上保險公司早已精算過。你以為你繳的單純是 20 年份的保險費，不過實質上你繳納的總費用，是保險公司精心計算你在有可能遭遇風險的情況下，**終身**

所需要付出的費用。

　　這其實不難驗證，你只要試算一下定期險 20 年的總費用，與該 20 年期的終身險比較，就會發現後者的費用竟然會比前者多上許多，差異只在於保險公司將你的終身保費分攤在這 20 年繳納而已。但大家一聽到可以保障終身，就直覺聯想到「只需要用 20 年的保費，就能換來一生的保障」，導致多數人往往會落入終身險的迷思之中。

　　但你可能會問：定期險有最高的年齡承保限制，萬一老了保不到怎麼辦？這個問題其實並不在於「老了保不到」，而是「老了沒有錢負擔風險，帶來的費用該怎麼辦？」你可能又會想，我就是怕年紀大了沒錢負擔費用，才需要透過終身險的保障轉嫁風險；如果是定期險的話，不就會因為年紀太大，導致無法轉嫁風險了嗎？基於這個疑惑，我們得從兩個層面來談：

　　第一，年紀愈大，真的愈需要保險嗎？ 你可能會直覺答「是」，因為許多疾病在老後更容易顯現出來。事實確實如此，不過別忘了——這件事情保險公司當然也知道。就如同前述，終身險的費用早已涵蓋了你年老的保費，所以並沒有比較划算。再者，並沒有任何一個保險商品有足夠保障轉嫁老年風險，充其量

只是部分轉嫁而已；但大多數人會對終身險抱持過高期待，沒有真正了解保障內容就做出錯誤的判斷。

第二，假設年齡過高無法保定期險，那終身險至少還是有一些保障，當遇到無法承保的情況，年老的保障要從哪裡來呢？這也是許多保險業務會嘗試說服你購買終身險的論點。不過，最好的保險其實就是**你的口袋**。許多人都忘了：隨著年齡增長，在合適的投資理財規劃以及持續獲得工作收入的情況下，你的資產一定會比你年輕時更多。你所擁有的財富，才是你真正可以用來因應任何風險的最大保障。

最好的保險，就是你的財富

基於前面的分析，我們可以目前市面上討論較為熱烈的 A 人壽定期重大傷病險，以及 B 人壽終身重大傷病險 30 年期（不還本）來進行試算比較。

假設一名 30 歲男性欲承保重大傷病險保額 100 萬至 80 歲，從**圖 2-2** 中可看到深色線條的定期險費用會隨年齡增加，終身險的費用則每年度都是相同的 26,500 元。結算兩者至 80 歲的總共要花費的保費，定期險為 1,069,300 元，終身險則為 795,000 元

（圖 2-3）。

　　定期險需要比終身險多付出 26 萬，等同於如果想在相同時間內獲得相同 100 萬的保障，定期險需要額外付出 33％的保費，這樣看來定期險豈不是一點也不划算嗎？

　　如果同樣選擇承保定期險到 80 歲，定期險要付出的成本確實會高出許多；但請不要忘記了：最好的保險其實就是我們的資產。如果我們換一個做法，將前 30 年終身險與定期險的差額拿去指數化投資（預期 7％的年化報酬率），結果如何呢？

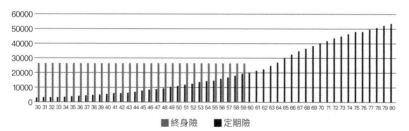

圖 2-2：重大傷病險每年度保費比較
定期險 VS 終身險
（保額 100 萬）

■終身險　■定期險

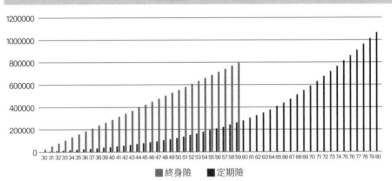

圖 2-3：重大傷病險累積保費比較
定期險 VS 終身險

■ 終身險　　■ 定期險

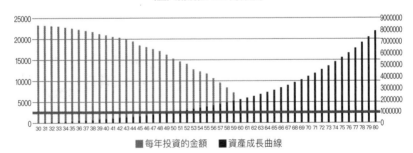

圖 2-4：將終身險與定期險的差額
投入於 7%年化報酬率的資產成長曲線

（重大傷病險 100 萬保額）

■ 每年投資的金額　　■ 資產成長曲線

　　根據**圖 2-4**，終身險保戶繳完 30 年保費的當下，選擇定期險加上指數化投資的保戶，有很高機率擁有靠投資累積而來的 190 萬資產。你沒看錯，只是把省下來的保費拿去做長期投資，就會擁有比原本 100 萬保額重大傷病險的保障還高的資產。即使定期險保戶在 60 歲後沒有繼續保定期險，他的資產也足以應付原先所要轉嫁的 100 萬風險。除此之外，他還可以繼續投資這筆資金，讓自己的資產繼續增值。

　　以上就能呼應到我們一開始所說的：誰需要保險？最好的保險又是什麼？擁有足夠資產的人，他口袋裡的錢就是最好的保險。我們也可以想像得到，我們所付出的終身險的保費，其實就是讓保險公司去做資金的運用增值，只是我們把這個增值機會成本讓給了保險公司；但事實上，你自己就可以做到，還可以做得比他們更好。這就是為何我認為，在資金沒有那麼充裕的情況下，你應該將金錢做更合適的運用──選擇低保費、高保障的定期險，並一邊累積資產，這才是正確的方式。

　　最後回到我們一開始提到的購買保險三大觀念：**①低保費高保障**、**②先保大再保小**、**③先保近再保遠**。如果你評估自己是需要購買保險的族群，建議你朝這三個方向去建構你的個人保險，

因為我們的金錢有限，但風險所帶來的危難卻很可能是你我難以想像的無限大。面對充滿未知風險的未來，我們應該將有限的金錢做最有效的利用，讓保險專注於那些更即時、更無法負擔的風險。因為相較於年老後才會面臨的疾病與意外，今日或明日就會發生的風險才是我們更需要重視的。

你永遠無法知道明天和意外哪個會先到來，這就是為何你應該把保險建立在自己目前所擁有的保障上。當你度過了明天、明年，才有未來的保障可言；**而對於未來的保障，最好的保險就是你的財富。**

COLUMN **淺談保險種類**

保險商品琳瑯滿目，以下我將介紹有哪些保險是你可能需要的，同時會告訴你如何評估合適的保障是多少。

壽險

壽險是許多民眾會承保的一項保險商品，它的理賠條件相當直覺，就是死亡。無論是自然死亡、因病或意外事故身亡都包含在內；而除了死亡之外，全殘（共有七項定義，在此不詳述）也是壽險理賠的範疇。

壽險是用來轉嫁死亡風險，保戶本人當然用不到這筆理賠金，因此這是一種為他人而保的保險。如果你上有雙親、下有孩子需要扶養，或是擔負家庭責任的人，就會需要承保壽險來分擔他人因失去你而造成的支出，諸如喪葬費用、扶養親人的費用及房貸，保額可依據你所承擔的家庭責任來評估。

失能與失能扶助險

前身為「殘廢險與殘廢扶助險」，後因保險法的修訂，調整名稱為「失能險與失能扶助險」。理賠項目為意外或是疾病所造成的失能，這兩種保險都是根據殘廢等級表的判定來決定理賠金額。

失能險是一次性理賠，失能扶助險則是每個月固定給付。至於為何失能險近年來成為相當熱門的保險選項，主因在於失能所帶來的生活不便與經濟損失相當巨大，嚴重失能不但會失去工作收入，日常生活也須仰賴他人照護，而人力照護的花費正是因失能帶來的最大財務破口。就算是最便宜的外籍看護費用，每月也至少需要支出 2 萬元的費用，況且不是每個家庭都能順利雇用外籍看護；本國籍的看護費用則又更高，費用可達 6 ～ 7 萬以上。假設取平均值每月 4 萬元，失能者餘命 20 年計算，就相當於 800 萬的支出。這也就是說，只要家中有一人失能，就極有可能壓垮整個家庭的財務規劃，

這也是為何大眾愈來愈重視因失能所帶來的風險轉嫁。

不過，現在的失能扶助險已經比過去難買許多，不少保險公司逐漸停售。如果你先前有順利規劃此保險，那真是有好眼光；如果是現在打算規劃的讀者也不用擔心，我們可以試著從一次金理賠的失能險著手。我個人是規劃 500 萬的保障，儘可能將一次性的理賠金額拉高，因為並非只有嚴重失能才會失去工作能力，7 ～ 8 級的失能程度就可能導致無法工作，所以儘可能拉高保障是必須的。

意外險

由非疾病造成的事故、失能，皆是意外險所承保的範疇。意外險是保險商品中，少數不會因年齡的增加而變貴的保險。20 歲的年輕人與 70 歲的長者支付的保費有可能相同，因為意外險是根據工作類別來決定保費多寡，愈有可能因意外發生事故的職業，所需要的保費會

愈高，反之則愈低。

意外險的理賠分為日額（因住院每日給付）以及實支實付，實支實付的理賠通常不管病人是否住院都會理賠，這說明門診的實支實付也包含在內。意外險所面臨的是意外帶來的失能情況，所需保障額度建議與失能一次性給付相似，至少要把保額拉到 300 萬以上為佳。此外，在產險公司購買的意外險，有機會比保險人壽所販賣的意外險來得便宜許多。

重大疾病／重大傷病險

如果你擔心的風險是國人前十大死因：癌症、心血管疾病、糖尿病、高血壓這些疾病，那你一定不能錯過這個險種，因為有超過一半的十大死因疾病都包含在重大疾病險的保障之內。不過除了重大疾病，近年來重大傷病險的出現讓我們又多了一項選擇：

重大疾病保障的內容為七大疾病：急性心肌梗塞、

冠狀動脈繞道手術、末期腎病變、腦中風後殘障、癌症、癱瘓、重大器官移植或造血幹細胞移植；重大傷病理賠的依據為健保局的重大傷病卡，包含 22 大類共 300 多項。

這兩者最大的差異在於理賠的內容。例如急性心肌梗塞以及冠狀動脈繞道，這兩者都是重大疾病才有的理賠；但除了這兩點保障之外，其他對於疾病的定義以及理賠的範圍，重大傷病佔據更多的優勢。

因此，如果你有急性心肌梗塞以及冠狀動脈繞道的保險需求，重大疾病險會是較合適的選擇；不過如果你想要更多層面且較為寬鬆的保障需求，就比較適合重大傷病險。

在保額方面，我認為至少需要百萬的保額。我個人是採取 150 萬的重大傷病險及重大疾病險雙管齊下的規劃；不過得注意的是，由於重大傷病險涵蓋的範圍較重大疾病險來得多，保費自然也會較高。

醫療險

　　保險中最熱銷的產品就屬醫療險，因為每個人在一生中都有不小機率會生病，甚至會需要住院治療。在此將它留到最後一項才說明，主要是因為疾病所帶來的費用負擔，相較於前述的失能、重大傷病或癌症，算是相對輕微的負擔。隨著醫學進步與醫療制度改變，讓自費機會變多、住院治療天數逐漸下降，同時造成門診醫療機會變多，醫療險的規劃方式已經與之前著重在每日給付的需求有所不同，現在講求的是實支實付以及門診治療的理賠。

　　所謂的實支實付指的是非健保給付的花費，例如想要採用效果比較好的醫療器材或治療方式，很有可能就不在全民健康保險的給付範圍內，你必須額外自行支付相關費用。像這樣的醫療費用，就可以透過承保醫療險來轉嫁。

　　除了實支實付之外，還有另外一種稱為「日額給付」

的給付方式。如果是不需要額外支出醫療花費，但需要住院治療的病人，就可透過日額理賠的方式轉嫁病房費用。而在住房病人的花費中，通常又以雜費占最高比例，這說明了在醫療險的選擇當中，得特別注重實支實付的保障。前面也提到了有些治療方式已不採住院治療，改採門診治療，因此另一個關注點就在於該保險是否有包含門診雜費的實支實付。

如果你的預算足夠，我建議你可以採用**雙實支實付**的方式規劃醫療險，也就是承保兩份醫療險。因為有的保險強項在於病房費，有的強項在於實支實付雜費，兩份保險除了可以達到互補的目的，還可以一併拉高實支實付的保障。不過由於理賠的憑據是醫療費用收據，會牽扯到正本以及副本理賠的問題，如果你想採用雙實支實付的方式，就必須記得要先保需要正本理賠的醫療險，再承保可以副本理賠的醫療險。當然，如果兩者都支援副本理賠，那承保順序就沒有影響。

結論

　　根據統計，25 ～ 44 歲因疾病身故的比例達到 50％，45 ～ 64 歲的比例更是高達 70％以上，要比意外身故的比例高出許多。這也是為何在保險的規劃中，我們應著重於因疾病所造成的失能與所需要的花費。只要努力累積資產，不只能讓自己的未來過上更優質的生活，還可以讓自己對於保險的需求降低，讓你的資產成為自己的保險。隨著你的年齡以及人生角色的不同，你會需要每隔一段時間調整保險的內容或保障；但我相信隨著你的資產增加，你會愈來愈不需要保險這項商品，因為你早已擁有足夠的資產去面對未來的風險挑戰。

（三）進入投資，開啟複利大門

理財鐵三角的最後一個項目，就是投資。在實際進入投資這個正題之前，讓我分享一則故事給你聽：

阿華與阿德兩位都是擅長跑步的運動員，他們的強項都是100公尺。有一天他們相約比賽，看誰才是短跑界的王者。比賽結束後，結果水落石出。他們的好朋友小明很好奇到底是由誰勝出，就詢問他們跑得如何。

阿華說：「我跑了100公尺。」

阿德說：「我跑了100公尺。」

小明說：「我知道你們都跑100公尺，可是我想知道誰跑得比較快，才能分出高下啊？」

阿華又說：「我跑了100公尺。」

阿德又說：「我也跑了100公尺。」

這樣的對話可能會讓你匪夷所思。在一般情況下，我們很清楚要知道哪一位跑者比較厲害，是根據跑步時間的長短來判斷；

時間愈短，代表他跑步的速度愈快，因為速度 = 距離 / 時間，這是再合理不過的數學邏輯。

然而——就是這個然而——在投資的領域，我們卻往往是根據跑步的距離來判斷一個投資方法的速度。讓我舉幾個例子讓你明白：

● 聽說隔壁的老王靠投資賺了 1,000 萬

● 外婆家隔壁鄰居的兒子說他靠投資賺了 200 萬

這兩個例子所顯示的金額，其實就代表一個人在投資的跑道上到底跑了多遠，但是他究竟跑得多快呢？我們根本無從而知，因為缺少了一項關鍵的資料，那就是「時間」。

我們時常在報章雜誌、新聞或是其他的財經文章中，看到某某人賺了多少錢，這個數字通常是一個會讓你一瞥就振奮不已的金額，如此一來才能吸引你的目光，進一步閱讀來了解他的投資方法。但是，光只知道跑得多遠，是無法得知投資績效優劣的。

賺了 100 萬的投資者 A，有沒有可能比賺 10 萬的投資者 B 還遜色呢？ 這完全有可能。假設兩者投入的本金都相同，我們只要加上時間的區間後，就可以讓看似賺比較多的 A 敗下陣來。

● A 靠投資在 10 年賺了 100 萬

● B 靠投資在 1 個月賺了 10 萬

光是從這兩行敘述，你就能在腦海中用光速得出「投資者 B 比投資者 A 更會賺錢」的資訊，對吧？正是如此。因為你已經開始帶入時間來計算，而不是只單純看跑的距離。

不過這還不夠，如果再問你一個問題：B 的賺錢速度是 A 的幾倍？或者明確一點來說，你要如何算出投資者的報酬速度？

雖然在這個例子中，我們能夠直覺給出哪位投資者比較會賺錢的答案，但卻無法說出一組明確代表兩位投資者賺錢效率的數字。為了解決這個問題，你一定得知道一個衡量投資效率的數值 ——**年化報酬率**。

年化報酬率

當我們比較不同的投資商品或方法的時候，必須要同時考量投入的金額與時間。如果單純只使用報酬與本金來計算，投資人是無法正確衡量其投資績效的。

舉個簡單的例子：小明與小華分別在一開始投入相同的本金，而小明在一年內賺了 10%，小華則是十年才賺了 10%，請問哪

位投資人比較會賺？答案很明顯是小明──儘管我們馬上就能判斷出來，但卻沒有辦法用數字來證明。

年化報酬率就是用來解決這樣的問題。在這個例子，我們可以採用年均複合成長率 CAGR（Compounded Annual Growth Rate）的算法，將起始投入資金、結束資產以及投資時間三者換算成年化報酬率，會分別得到 10％與 0.9％，投資人就能藉此數值明確分出優劣。以下是 CAGR 的公式：

$$年化報酬率（％）＝（1＋報酬率）^{（1/年數）}－1$$

採用 CAGR 計算的好處是簡單易懂，只要掌握一筆資金的變化與時間，即可換算出對應的年化報酬率；不過，比較貼近現實投資的情境，會包含多筆資金的流入與流出，CAGR 並無法應付此種情境，而內部報酬率 IRR（Internal Rate of Return）或是 XIRR，便是用來計算多筆資金的金流變化所對應的年化報酬率，雖然計算較為複雜（Excel 有提供 IRR 與 XIRR 函式），但將更加符合投資人實際的需求。

也就是說，CAGR 適用於計算單筆現金流的年化報酬率，IRR

則適用於多筆現金流的情境，但無論是哪一種算式，都是將投資者的績效，換算在一定的時間區間內所計算出來的數值，統稱為年化報酬率。

比如在前述的例子，你可以如此想像：一開始的兩位跑者，我們給予他們同樣的時間跑步，最後只要看哪一位跑的距離比較遠，就知道誰是速度較快的跑者。而年化報酬率，則是在相同的「一年」時間內，計算出投資的效益，並藉此評斷好壞。

因此，你現在已經知道如何衡量投資方法或理財商品的績效。**不要再用所謂的投資報酬率來比較，而是要使用年化報酬率來比較高低，因為在相同的時間區間內比大小，才有意義。**

複利

「由於你表現優異，公司決定給你一大筆獎金，你會選擇①直接領 10 億元 ，還是②第一天拿 1 元、第二天拿 2 元、第三天拿 4 元⋯⋯持續一年的方式領完？」這個問題，充分展現了複利的特質。

複利一開始看似不起眼，沒有什麼特別過人之處；但是隨著時間的滾動，複利的巨大變化將會讓你不得不對它肅然起敬。或

許你不知道，股神巴菲特有 95％資產，是在他 60 歲之後才獲得的。60 歲並不是個小歲數，但這正說明了複利需要透過時間的加成與幫助，才能讓這股力量發揮到極致。

巴菲特曾說：「人生就像滾雪球，你只要找到濕的雪和很長的坡道，雪球就會愈滾愈大。」在累積財富的過程中，唯有掌握複利的投資人，才能享受財富滾出大雪球的喜悅。

換而言之，複利所帶來的回報需要時間灌溉成長，正如同雪球需要一段夠長的跑道，從一開始的小雪球不斷滾動，最後才會滾成一顆大雪球。這正是雪球之所以需要「滾」出來，而不是直接從小雪球變成大雪球的原因。

也就是說，複利並不是在今天播種，明天就能獲得豐富的果實。然而，人人都會嚮往那些不靠複利快速致富的場景；但抱持這種投資心態的投資人，往往會踏上快速賠光的道路，使資產在短時間內消失殆盡。也因此，大部分靠短期致富成功的人，都很難在未來再次使用相同方式取得高額報酬，他們少的正是複利給予的幫助。

讓我們來看一下，複利是如何替我們滾出輝煌的財富：

財富 ＝（投入的本金）×（年化報酬率）^（時間（年份））

複利的鐵三角，就是本金、利率（年化報酬率），以及時間。

資產翻倍的 72 法則

當你好不容易存下 100 萬，要過多久才能變成 200 萬呢？

不管一個人擁有多少金錢，都是從 1 元、2 元、4 元開始累積，才能成就鉅額的資產。當我們想著如何讓自己的錢變得更多的時候，其實就是在思考如何讓我們的資產翻倍。

在理財投資這個領域，有個法則稱為「72 法則」，這是用來計算你需要花多少時間才能夠讓資產多增加一倍，公式如下：

資產翻倍的時間 ＝ 72 ／ 年化報酬率

以下是根據不同的年化報酬率所算出來資產翻倍的時間：

● 6%：72/6 = 12（年）

● 7%：72/7 = 10.28（年）

● 8%：72/8 = 9（年）

● 9%：72/9 = 8（年）

● 10%：72/10 = 7.2（年）

過去大盤的長期年化報酬率約為 6%～ 10%，因此我們可以評估現在投入的每一分錢，大約需要經過 7 ～ 12 年的時間才能翻倍。然而，我們很常聽到投資人想著的是下個月、下一年就要讓資產翻倍，這不只需要有非常高明的交易技巧才能達成，能夠長期實現這個目標的人還少之又少。我們可以輕易算出來，如果一個人今年投入 100 萬，明年就想要獲利一倍，這可是需要高達 100%的年化報酬率才能夠實現。

使用 72 法則，能讓我們知道投資界的一些真相，也可以打破不切實際的幻想。幸運的是，人生有很長的時間，可以讓我們擁有一條足夠長的跑道，使資產翻倍再翻倍；不過這也點出另外一項要點，那就是所謂的「拿鐵因子」。

「拿鐵因子」代表的是我們在日常之中，藉由調整生活型態儲蓄下來的金錢，只要經過複利的成長，就會變成一大筆財富。拿鐵因子可以是一杯咖啡、一包香菸、一杯手搖飲，任何不必要的花費都可以是拿鐵因子的一部分。試算看看，假設你每天省下 100 元，經過 8%的年化報酬率 40 年之後，會變成多少？

$$100 \times (1.08)^{40} = 2100$$

這可是 **21 倍**的增長幅度。雖然這個數字看似不大，但如果我們計算累積省下一年的費用，就會更加明顯：

$$36500 \times (1.08)^{40} = 792945$$

一年之中省下的 36,500 元，經過 40 年的複利增長，竟然可以成長為將近 80 萬的資產。這個金額足以買下一台新車，時間搭配複利的效果，實在是相當驚人。因此，千萬別忽視生活中的一點小花費，那些小錢都是未來成千上萬的寶藏。

而且時間帶來的好處，遠遠不只如此。如果你年紀尚輕，那你更要重視時間這項資產，因為除了時間外，你再也找不到其他可以大幅減少你投入成本的方法了。尤其是對於本金沒那麼充裕的小資族而言，更該深刻去體會擁有時間的優勢。

假設你想在 65 歲退休時累積到 1,000 萬的資產，在年化報酬率 8% 的情況下，要投入多少金錢才有機會完成目標呢？你會發現，時間扮演了重要的角色：

- 20 歲：每月需投資 $2,156， 總投資 $1,164,278
- 25 歲：每月需投資 $3,217，總投資 $1,544,065
- 30 歲：每月需投資 $4,836 ，總投資 $2,031,143
- 35 歲：每月需投資 $7,356 ，總投資 $2,648,230
- 40 歲：每月需投資 $11,399，總投資 $3,419,695

同樣都是以 1,000 萬為目標，沒想到 20 歲的年輕人，只因為可以趁早投資，每月所需的投資金額只要 40 歲中年投資的不到 20%。很難想像，光只是「提早」這件事，就能讓投資人需要投入的本金有如此巨大的差異。複利經過時間長期的滾動，能幫助擁有更多時間投資的年輕人增長財富，這正是複利所帶來的事半功倍之效。

這也說明：**即使你是本金較少的投資者，只要把握趁早投資的原則，就可以讓時間彌補本金的不足。**反之，如果錯過了過去的複利加成時間，就只能放大本金來達成相同的目標。

除此之外，如果我們再仔細觀察不同年齡層所投入的總資金，40 歲所投入的金額會是 20 歲的 3 倍；如果是採用相同投資金額，則該位 20 歲的年輕人，只須將每月投資金額提升至 6,332 元左右，他在 65 歲的資產就會是 29,368,242 元，也就是高達兩

千九百多萬。這說明了即使投入差不多的總資金，也會因為時間
起始點不同，讓最後累積的資金總額大不相同。

　　相信透過以上的例子說明，你已經了解到**趁早投資**的重要性。
時間就代表你將來擁有多長的跑道可以打開推進器，加速資產的
累積；**時間可以讓小小的本金，透過複利的力量滾成大大的財富；**
時間貴為人生中無可取代的資產，每分每秒都值得我們正確使用，
趁早發揮它無與倫比的威力，讓資產累積得更快，讓我們投入的
成本更少。只要建築一條夠長夠遠的發射道路，你的人生將會綻
放出美麗的煙火。

本金

　　人們總是想要透過高報酬的投資方法賺錢，但先不論這種方
法存在的可能性，大家也很少會意識到：儘管有再高的報酬可能
性，但如果投入的金錢不夠多，投資獲得的收益相對於生活的改
變也是微乎其微。

　　例如阿明與阿華這兩位投資人，前者投入 10 萬，採用指數
化投資獲得平均 8％年化報酬率；後者投入 1 萬，採取高風險的
投資方式，好不容易才獲得 20％的年化報酬率，我們實際算出他

們獲得的收益如下：

● 阿明：獲得的收益為 8,000 元

● 阿華：獲得的收益為 2,000 元

乍看之下，阿明的報酬率只有 8％，阿華的 20％ 足足高出兩倍之多。在眾人矚目之下，擁有高報酬率的阿華可謂是位投資奇才；但實際上阿明所獲得的投資收益可是勝出阿華高達 4 倍，這才是事實的真相。

我們在日常生活中很常見到這樣的例子，投資人基於各種原因，並未將足夠的資金投入到他們所採用的投資方法，取而代之的是一點小資金的投注；但本金大小是如何影響實質收益，在此處的例子中一覽無遺。

不過，即使在相同的收益情況之下，本金的多寡也深深影響著我們的財務規劃歷程。想像投資這件事情就是一場短跑。在投資這條跑道上，一開始投入的本金代表著你的起跑點，在相同的賺錢能力（年化報酬率）之下，如果你的本金比別人還多，即使跑道終點相同，由於你的起跑點比別人離終點還要近，所需要的時間就會明顯比較短。

同樣要達成 100 萬財務目標，以下為不同本金投入到 8% 年化報酬率所需要的時間：

● 10 萬：29.9 年

● 30 萬：15.6 年

● 50 萬：9 年

不只如此，本金帶來的投資效益，其實並不會是一次性的。因為每一次的複利，都會讓本金變得更加巨大；而變胖之後的本金，在下一次的投資歷程中，又會因為複利額外產生的收益變得更胖一點。隨著每次起跑點的改變，你將距離起跑點愈來愈遠，離終點愈來愈近。

人生不會只有一場短跑競賽，更像由許多短跑競賽組合而成的一場馬拉松。如果每個人都擁有相同時間、相同跑步速度來完成這場賽事，那擁有雄厚本金的跑步選手，將因為每次的起跑點優勢逐漸放大自己原有的優勢，這就是本金為何在投資之中具有舉足輕重的地位。

例如從 22 歲開始定期定額投資的年輕人，以不同金額投入 7% 年化報酬率的資產成長變化如**圖 2-5**。

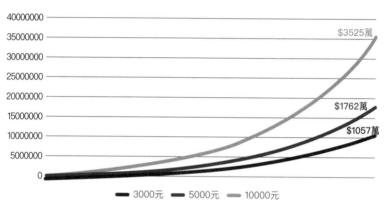

圖 2-5：22 歲年輕人每個月定期定額至 65 歲退休資產成長曲線
（年化報酬率 7% 試算）

每次所投注的金額愈多，抵達財務終點所需要的時間愈短；每次投入的本金愈多，在與別人相同時間的複利滾動下將可以獲得愈多的報酬；投入的資產愈多，代表在你未來達成目標之後，將擁有愈多自由的時間，可以去完成你想做的事情。想要跑得比別人還要遠，想要省下比別人更多的時間，你可以透過增加投入的本金來達成。

「本小利大利不大，本大利小利不小」，這句話替本金的重要性下了最好的註解。就像是有錢人的理財方式，他們不需要承擔太多風險，只要把錢放進銀行定存，光是利息就高過我們辛苦

賺來的年薪。但大多數人都只是市井小民，雖然你我一開始都沒
有豐厚的本金，但這沒有關係，只要能夠持續投入、將本金養肥，
複利就能為我們帶來更多無限的可能。更重要的是，投入本金的
多寡都掌控在我們手中，光是放大投入本金所帶來的效益，就可
媲美那無法掌控的報酬率了。

利率 （年化報酬率）

　　年化報酬率是複利鐵三角中，我們唯一無法控制的因素，但
卻是整個過程中最強而有力的加速器。這裡以採用 100 萬計算複
利為例。

表 2-1：採用 100 萬計算複利

單筆投入 100 萬	40 年後累積金額（萬）
1%	148
6%	1028
7%	1497
8%	2172
9%	3140
10%	4525

在**表 2-1** 中,我們可以看到 100 萬經過 40 年不同的年化報酬率的複利成長曲線。愈高的年化報酬率讓 100 萬的資產成長最多,這也是為何許多投資人想方設法,就只為了讓自己的投資績效可以更上一層樓。因為只要長期擁有優異的報酬率,就可以讓資產翻倍再翻倍,就如同先前介紹過的 72 法則,愈高的年化報酬率所需要翻倍的時間會愈短。只是,想要追求更好的年化報酬率這項艱困的任務,恐怕在過去已讓許多人鎩羽而歸。早有許多數據證明:**想要長期擁有打敗市場的報酬,幾乎是不可能的任務,穩穩拿取市場給投資人的報酬,才是明智的決定。**

或許你可能會感到好奇,那關於本書所提倡的指數化投資,在未來又有多少年化報酬率?我個人認為,長期投資於未來的全球股票市場,年化報酬率有可能落在 6%～ 10%之間;而且我相信,隨著投資的時間愈長,報酬愈有可能收斂到這個範圍之內。但這僅僅是個人預測,畢竟我們在未來所能獲得的市場回報,將取決於人類未來的經濟發展。而你也要謹記:沒有任何一項投資的方法可以向你保證未來的報酬。如果有人對你這麼說,要嘛他是個騙子,要嘛你是個傻子,因為你我都無法準確預測市場的未來,也沒有任何人可以預測。

　　如同前述，年化報酬率在整個複利過程中扮演了加速器的角色，投資歷程要多久時間能到達終點，我們得看它的臉色。而雖然年化報酬率是我們無法確切掌握的投資因子，但反過來說，只要好好把握其他因素，我們就能比別人更早且更快達到財務目標。

時間與本金的化學反應

　　現在，相信你已了解複利方程式的黃金鐵三角——本金、年化報酬率和時間各自代表的含意及其要點，以及在三者的組合之下，複利是如何讓小雪球在滾動的過程中形成一顆大雪球。

　　不過，我還要告訴你一些關於複利的秘密，這個秘密正是來自於時間與本金之間的化學反應。首先，請先思考一下這個問題：

　　「小文一出社會25歲，就每個月投資3,000元，連續投資10年後就再也沒有投入本金；小英比較晚接觸到投資的觀念，35歲才開始每個月投資3000元，但持續投入到65歲。兩個人都是投入10%年化報酬率的投資商品，請問哪個人在65歲的時候會擁有比較多資產？」

　　小文的本金 36,000，投入 10 年也才 36 萬；小英雖然比較晚開始，但他投入的本金總額可是超過 100 萬，應該是小英獲勝吧？

　　不不不，正確答案是小文勝出！（**圖 2-6**）雖然小英投入的本金總額是小文的 3 倍之多，但小文在 65 歲的總資產，卻足足高出小英 400 多萬，這可是高出了 68％的資產。如果再比較獲利情況，小英總共獲利 486％，而小文則是獲利 2959％，兩者的數據完全不是同一個檔次（**表 2-2**）。

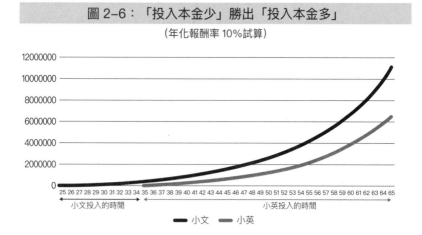

圖 2-6：「投入本金少」勝出「投入本金多」
（年化報酬率 10%試算）

表 2-2：小文與小英的投資成果比較

	投入時間（歲）	投入本金	總獲利（萬）	獲利百分比
小文	25–34	360,000	1065	2959%
小英	35–65	1,116,000	543	486%

　　能夠讓在小文投入較少本金的情況下，擊敗投入較多資金的小英，複利可是幫了一個大忙。由於兩人都是投資年化報酬率同樣 10％的商品，所以我們可以比較在 35 歲這一年，小文就已經累積了 63 萬多的資產，每年光是靠 10％的複利，就可以產生額外的 63,000 元獲利；但另一方面，即使小英主動投入本金，每年的投入金額也只有 36,000 元，不但追不上已經累積 63 萬資產的小文，每年再投入的資金也少於小英本金所產生的 10％獲利。這樣的結果，就是讓兩人之間的差距，隨著時間與本金的化學反應愈差愈遠。你想成為小文還是小英呢？

　　如果想成為前者，那就千萬不要忘記複利的效用，是如何讓本金與時間把累積資產變得事半功倍。尤其是本金沒那麼充裕的讀者，更該趁早投資。而如果是比較晚開始的讀者，也不用氣餒，你依然可以透過放大本金的方式累積到相同資產。

現在就開啟複利的大門

複利的投資方程式——本金、時間、利率——缺一不可，三者合而為一的化學反應，完全打開了我們的眼界。但是你知道嗎？雖然複利的好處非常多，所帶來的變化也很巨大，但為何只有少數人能獲得複利所帶來的收益呢？原因你知我也知，要讓複利的效果顯著到可以感受得出來，不但要有充裕的本金、良好的報酬率，還要有足夠的耐心，願意用夠長的時間等待金錢滾動。但白手起家的你我，一開始幾乎沒有本金，報酬率也說不上優秀——而儘管我們有的是時間，但實際上，絕大多數人總是缺乏等待開花結果的耐心。

這正是為何多數人在長期投資計劃下，很容易半途而廢的原因。在執行計劃的初期，我們幾乎看不到什麼成果，儲蓄金額總是大於投資獲得的收入，這讓我們會在心底懷疑投資真的有用嗎？還得承擔本金虧損的風險，幹嘛不好好儲蓄就夠了？

殊不知在你的未來，投資的收入相較於儲蓄的內容，將透過複利帶給你嶄新的不同面貌。

　　從**圖 2-7** 和**圖 2-8** 的例子，我們可以清楚看出：在投資初期，投資的收入占比遠不及實際投入的本金；但隨著時間帶動雪球的滾動，約莫在 42、43 歲的時候，相當於經過 18 年左右，我們從投資獲得的收入就會超過實際投入的本金，而且往後的差距只會愈來愈大。來到 60 歲的時候，投資收入已經高達 70％，是本金投入的 24％ 的兩倍以上，這就是為何我們需要時間來發揮複利的神奇力量。

　　千萬不要小看也不要放棄複利的力量，讓儲蓄下來的金錢透過投資成長吧。你可能會惋惜過去不小心錯過的複利加成時間，但未來的路還有好長一段，不管什麼時候開始都不嫌晚。現在，正是你開啟複利大門的時刻。

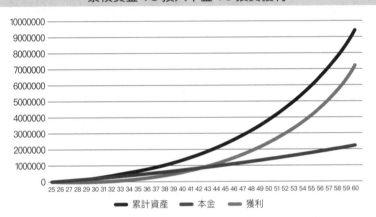

圖 2-7：8%年化報酬率下每月 3,000 元持續 35 年
累積資金 VS 投入本金 VS 投資獲利

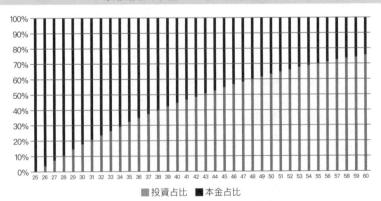

圖 2-8：8%年化報酬率下每月 3,000 元持續 35 年
累積投入本金 VS 累積投資獲利

第 **3** 章

被動投資：
365 天自動賺

你知道未來哪支股票會賺最多錢嗎？ 你知道市場在未來哪個時間點會下跌跟上漲嗎？ 你知道有誰知道前兩題的答案嗎？ 如果你都不知道，指數化投資絕對是你最佳的選擇。

回想起初接觸指數化投資的過程，至今還是覺得很有趣。我接觸到較為深刻的投資相關知識，並不是在外面的理財說明會，也不是在網路或書本上，而是在一場由公司同事分享的會議上。當時同事分享的內容正是被動投資，整場報告內容主要是在闡述：人類的經濟會不斷成長，所以不用選股，也不用擇時，只要持續投入就好；最重要的是不需要「買低賣高」這種操作，只要買入資產後站著不動就好。短短幾張投影片，對當時候的我來說卻是一大衝擊。因為就我個人當時的理解，「投資」就是需要隨時盯著盤，趁股價低點時買入，再趁股價高點時賣出賺取價差，來回操作獲利。對於被動投資這種大相逕庭的投資思維，我無法全盤接受，因此當時，我是抱持著懷疑且不以為然的心態聽完分享。

只是沒想到，當初令我覺得非常荒謬的投資方法，反而開啟我對於投資的興趣大門；也完全沒想到，「指數化投資」最終也成為現在我大力倡導的投資心法。對於這種違反人性的投資方法，你是否也有相同感覺呢？

3-1 「被動投資」有多被動？

為什麼我會從對投資的刻板印象，轉向被動投資的懷抱呢？
這都得感謝眾多被動投資先驅的努力，例如國外的約翰・伯格、
國內的綠角前輩等。他們的書籍與文章打破我對於投資的迷思，
除了讓我對於投資市場的運作有更深刻的了解，更提出撼動人心
的數據論證，讓我毅然決然踏上被動投資這條路。

不過每當我提起被動投資，總是有不少投資的朋友，會錯把
產生「被動收入」的方法當作「被動投資」，例如：買房出租當
包租公（婆）賺取房租、架設網站獲取流量收入、靠投資賺取被
動收入。這些可以為你帶來現金流的方式，是屬於被動收入的範
疇，但並不是我們所說的被動投資。被動投資當然可以帶來被動
收入，但反過來的被動收入，其實並不屬於被動投資。在這邊要
提的被動投資，是一種**投資的行為與風格**，它與一般大眾熟知的
買低賣高主動式投資，是有如天壤之別的存在。

被動投資有 3 好：錢多、事少、心平靜

被動投資的英文是「Passive Investing」，它之所以有此稱呼，主要原因在於這項投資行為是非常被動的，如下所列：

● **不選股**——分散一籃子標的

● **不預測股價變化**——有錢就投入

● **不因市場變化賣出資產**——直到達成財務目標

● 少許的投資時間——幾乎沒有

● 獲取**市場**指數的報酬

如此被動的投資行為，除了買進的動作之外，不用花時間研究、不用每天花時間看盤，根本就好像沒有在投資一樣。如果我們對理想工作的期待是錢多、事少、離家近；在投資上我們更可以選擇錢多、事少、心平靜。此外，被動投資還是一旦投入金錢後就不管市場價格，等到達成投資目標才賣出，聽起來是不是很荒謬？我相信，如果你對於被動投資的理論沒有一定熟悉度，那你肯定會有這樣的感受，就像當初聽到被動投資的我一樣不可置信。但不用擔心，讓你理解與相信這套方法的可行性，就是本書最重要的任務。

103

被動投資＝指數化投資

被動投資的其中一項特點是「隨時買入，不隨意賣出」，也就是被動式接受市場報酬的投資理念，稱作**「買入持有」**（Buy and Hold）。這在被動投資相關文章中是很常見的說法，買入持有也正是一種被動的關係。

此外，被動投資還有一個別名——「Index Investing」，因為這種投資方法是透過買入持有某種指數來投資，所以也稱作**「指數化投資」**。

我個人更喜歡將「被動投資」稱為「指數化投資」，因為「被動」這個詞彙對大眾而言帶有貶義。如果一位學生學習很被動、一位職員工作很被動、一位律師打官司很被動，每個形容聽起來似乎都不太正面。

然而，在投資這個領域，「被動」、「不積極」，才是我們應該採取的投資態度。不管市場發生什麼事，最好都別輕舉妄動，「堅持到底」才是最佳的行為。而為了聽起來更中性，接下來我都會以「指數化投資」一詞來說明我們所使用的被動投資方式。

要採取指數化投資，**即是選擇某一個標的，長期買入持有；**

而特別的是，這一個標的並不是某一檔股票，而是指數。

只是指數有百百種，包括世界指數、台灣加權指數、台灣 50 指數、台灣高股息指數……哪種才是我們要的指數化投資呢？答案是：**預期能夠帶來長期正報酬的市場指數，就是關鍵所在。**

例如**圖 3–1** 的世界指數，裡頭就包含世界一流的公司，如台積電、可口可樂、Apple、Google、亞馬遜……等等。世界指數的歷史代表了全世界人類的經濟增長過程，雖然中間過程起起伏伏，還有明顯的下跌；但長期來看，仍是不斷向上成長。如果不看代表全球市場的世界指數，隸屬台灣市場的台灣加權報酬指數，也是長期向上蓬勃發展（**圖 3–2**）。

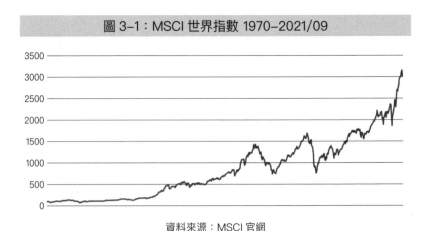

圖 3–1：MSCI 世界指數 1970–2021/09

資料來源：MSCI 官網

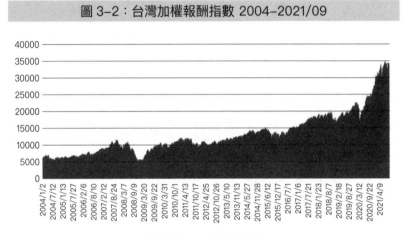

圖 3-2：台灣加權報酬指數 2004-2021/09

資料來源：台灣證券交易所

　　因此，指數化投資的理念就是相信人類的經濟實力會不斷成長，長期持有代表該市場整體價值的指數，獲取此指數帶來的報酬，是一個無需額外花時間研究與預判市場的的投資策略。此策略的關鍵在於其指數是否正確反映市場的走勢。

　　目前最能夠反映市場狀況的指數，就是**市值型指數**；如果想持有全市場的投資標的，只要投資**指數型基金**與**指數股票型基金（ETF）**就能輕鬆達成。

　　到目前為止，我們可以這樣理解：指數化投資的做法非常簡單，由於人類經濟長期看漲，所以藉由買入持有的方式跟隨市場

一起成長，享受企業帶來的盈餘增長與經濟，就能獲得接近市場的報酬；而市場的報酬，代表的就是所有投資人的平均報酬。

3-2 拿到平均報酬就能勝出

指數化投資的理念與做法既不繁瑣，也容易理解；但我猜想你的心裡一定會出現一些疑惑：「我已經知道指數化投資的做法與理念，但是只拿到平均報酬就夠了嗎？」

指數化投資拿到的報酬，確實不會多於市場報酬，而不追求更卓越的報酬，聽起來似乎不能算是個上進的投資人。「應該要拿到高於平均的報酬，才能快速致富、達到目標啊！」這是我當時的想法，或許跟你現在的第一印象差不多；且讓我跟你說個故事，聊聊投資市場上的三種不同類別的投資人。

成為投資市場的勝出者

投資市場上，共有三種投資者（**圖 3-3**）。A 群投資者是市場中的最大贏家，因為他們得到最多獲利；B 群投資者則是市場中人數最多的族群，不過他們的報酬卻是三者中最低的；而 C 群的投資者，報酬則是介於 A 與 B 之間。三種族群之間的關係如**表 3-1**。

圖 3-3：三種不同類型的投資族群

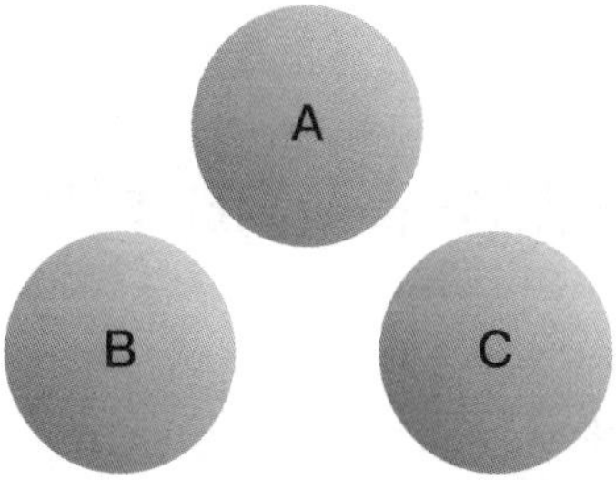

表 3-1：三種不同類型的投資者比較

	A	B	C
人數	少	最多	少
獲利	多	少	普通
耗費時間	多	多	少

　　準備進入金融市場掏金時，你的目標是想成為哪種投資人呢？我們首先從刪去法開始。首先，B 群一定不會是大家想追求的目標，因為不管是從報酬或是從時間角度來思考，B 的獲利不但是三者中最低，花的時間還非常多，所以先把 B 從目標中刪除吧。

　　一旦我們剩下 A 與 C 的選擇，也就是報酬與時間的取捨，如果你不想花太多時間煩惱投資，那你就會選擇 C；如果你想要高報酬，可能會選擇 A ——接下來我要說明的，正是這 A 與 C 的差異。

低時間成本高報酬 VS 高時間成本低報酬

　　A 與 C 的報酬關係令人感到好奇，究竟 C 群能得到的報酬到底是多少呢？

　　雖然我們知道是介於 A 與 B 之間，**但 C 的報酬其實就是 A 與 B 的平均值**。那麼假設 B 群獲得的是 5%、A 群獲得的是 15%，C 群獲得的報酬就是（5% +15%）／2 = 10%囉？錯！C 的報酬其實會小於 10%，因為人數也會是影響因素。**由於 B 群的人數遠**

大於 A 群，假設 A 群有 10 人，B 群是 100 人，C 群所獲得的報酬如下：

$$(10×15\% + 100×5\%) / (10+100) = 5.9\%$$

所以你會發現，A 與 B 的報酬及人數的關係，會決定 C 所拿到的報酬；反過來說，當 C 的報酬確定，A 與 B 就會瓜分剩下的平均報酬。這會造成以下結果：

● 當 A 與 B 人數接近，C 的報酬會位於兩者報酬的中間值。

● 當 A 與 B 其中一方人數有明顯優勢，C 的報酬會偏向人數較多的那一方。

現在我們已經大概瞭解三者的報酬，只剩下要選 A 或 C 的難題。從報酬的角度來看，我們似乎沒理由不選擇 A，因為 A 的報酬一定比 C 高，花點時間也是應該的，我當初也這麼想。**然而現實情況是：大多數選擇 A 當作目標的人，儘管很有抱負與夢想，但最終很可能淪為 B 群的一份子。**

這也就是說，A 與 B 本為一家，兩邊互相競爭，贏家就是 A 群，輸家就落到 B 群，輸贏的定義就在於**他們拿到的報酬是否比**

C 群還優秀。

　　讓我們從實際的數據來瞧瞧。根據晨星公司（MorningStar）對於 A 與 B 群的投資研究報告，有一群每天拚死拚活、立志成為 A 群的專業投資者，以 20 年期的投資時間參加美國市場的甄選，入選 A 群的機率只有 12.8％；而在非美國市場的甄選，A 群入選率也只有 14.6％（**圖 3-4**）。[1]

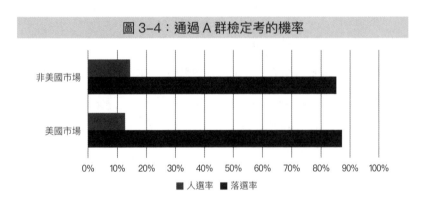

圖 3-4：通過 A 群檢定考的機率

非美國市場

美國市場

0% 10% 20% 30% 40% 50% 60% 70% 80% 90% 100%

■ 入選率 ■ 落選率

　　不只如此，根據標普道瓊斯指數公司 2021 年中的 SPIVA 報告，針對美國市場、非美市場、新興市場及全球市場也做了類似的檢定統計（**表 3-2**）。[2]

表 3-2：世界各地的 A 群檢定考落選機率

	全球市場	美國市場	非美市場	新興市場
A 群落選率	86.51%	87.84%	90.63%	91.89%

換句話說，**這場 A 群的入學考，落榜率超過 85%**。一旦我們將人數的因素考慮進來，就可以根據以下兩點來抉擇：

● 當 B 人數 >> A：選擇 C 可以避免落入 B 群，還可以勝出許多人。

● 當 B 人數 << A：選擇 A 有高機率能獲得比 C 群還好的報酬。

但很明顯地，歷史數據表明 **B 的人數總是遠大於 A，選擇 C 當作目標才是最佳方向**。畢竟如果要花上人生大半時間，最終拿到的報酬還比 C 少，實在是令人難以接受。

看到這邊，你應該可以猜到這三種族群分別代表哪幾種投資者：A 群代表的是主動投資的贏家；B 群代表的是主動投資的輸家；而居中的 C 群，代表的正是被動指數化投資者（**表 3-3**）。

表 3-3：主動投資贏家 VS 主動投資輸家 VS 指數化投資者			
	A	B	C
人數	少	最多	少
獲利	多	少	中間
耗費時間	多	多	少
身分	主動投資贏家	主動投資輸家	指數化投資者

指數化投資讓你避免零和遊戲的陷阱

你可能還是認為，優秀的投資人應該要以躋身 A 群為目標，努力讓自己成為贏家，不能輕言放棄，這才是投資所要追求的正確方向吧？

但我們先想想一件事情：市面上存在無數書籍與文章，都在告訴大眾如何成為主動投資的優勝者。十有八九的資訊都在告訴我們怎麼變成 A 群的超額報酬玩家，都在教導大家如何通過 A 群的甄選考試，照理說，A 群人數應該要大幅領先 B 群的人數才對，但對照現狀卻恰恰相反。你可能沒有想過：一旦當你選擇要成為主動投資的參賽者，你的對手就是許多專業投資人、地表最強華

爾街的經理人，還有比你花更多時間與心力研究投資的散戶。

　　如果投資像考試，花時間心力研讀就可以獲得好成績，一般的上班族或投資人，是很難勝出靠投資吃飯的基金或投顧公司。更何況，這些聰明絕頂的操盤手，大部分人在長達 20 年期間內也無法拿到優於市場的報酬。如同前述的晨星報告，以美國市場來說，**選擇成為 C 群獲取市場報酬的投資者，就能勝出 85% 以上的主動投資者──而且還不花時間。**除非你想要花 20 年證明自己比專業投資者更加優秀，否則一般人應該沒有理由非得參加 A 與 B 的賽事。

　　然而，聽到許多 A 群勝利者的豐功偉業，總會讓人們心生羨慕，忍不住想要參加這場考試。但一個殘忍的事實是：一旦有人已經拿走超額報酬，這代表著其他剩餘的參賽者就只能撿麵包屑了。你該如何保證自己位居下風還能勝出呢？

　　我們必須知道，**超額報酬的競賽就是一場零和遊戲，有人拿得多，就會有人拿得少。**也請你務必記得，**時間才是最寶貴的資產，為了不要讓自己賠上珍貴的時間，卻淪為主動投資落敗者，你該採取的就是指數化投資。**

指數化投資讓你勝出專業經理人

「大多數機構投資人與散戶會發現，持有股票的最佳途徑是
投資收取最低費用的指數型基金。選擇這條路的人，結果肯
定會勝過絕大多數專業投資人士提供的淨結果。」

——華倫・巴菲特

　　股神巴菲特始終認為，能夠獲取市場報酬的低成本指數型基
金，是大眾最好的選擇。他覺得基金公司所販售的基金不但費用
高昂，長期下來也沒辦法替投資人拿到更好的報酬，因此他屢次
公開挑戰基金公司想證明這件事，但始終都沒有人願意接受他下
的戰帖。

　　直到 2008 年，終於有間對沖基金管理公司挺身而出，雙方
談好一個為期 10 年的賭局。巴菲特決定使用追蹤標普 500（代
表美國市場）的指數型基金，與對沖基金任選 5 支的基金一較高
下。雙方約定從 2008 到 2017 年底，各自投入 50 萬美元，最終

獲勝者就能將 100 萬全部拿走。

時間過得飛快，10 年轉瞬即逝，世界沒有什麼大變化，而最終結果也如巴菲特所預言：由對沖基金公司選出的五支基金，沒有一個可以與標普 500 指數型基金匹敵，甚至還有一個基金在 2017 已遭清算消失。另外值得注意的是：這五個基金並不是單純只有 5 檔，而是屬於基金中的基金。這也就是說，每一檔挑戰巴菲特的基金，事實上是由好幾檔基金組合而成，所以這背後的經理人遠多於 5 位。

那巴菲特花了多少時間看盤交易呢？答案是：完全沒有。他除了一開始買入標普 500 的指數型基金，接下來就是過著被動的投資生活，這場賭局對他的日常絲毫沒有影響。但對於對沖基金的經理人來說，就完全不是這麼一回事了。他們必須忙於主動選股、預測股價變化做買賣，看似是一邊「投資」一邊生活，其實是過著稱不上生活的人生。

這就是我們之前所描述的，**你不一定可以拿到超越大盤的報酬，但是你一定會花上比指數化投資者更多的時間成本**。最終的結果，你很有可能就如同上述的賭局般，淪為主動投資的輸家。

要是投資者真有能力影響報酬，可以帶來比市場更多的獲利，

人才濟濟的華爾街，怎麼僅有一家公司願意接受挑戰呢？而且還輸得一敗塗地？

對正在閱讀本書的你我來說，答案並不重要，因為我們並不打算投身於主動投資的爭鬥當中。本書的用意就是要避免你淪為主動投資的失敗者，並讓你用最少的時間獲取應得的報酬。在投資市場裡想要拿到優於專業投資顧問的報酬，採用低成本的指數化投資，就是最簡單，也最不簡單的方法。

3-3 指數化投資最佳利器：ETF

有句話說「工欲善其事，必先利其器」，執行指數化投資的最佳投資工具，就是 ETF。雖然 ETF 很常出現在新聞媒體或報章雜誌，但很多人其實不太理解 ETF 是什麼，只知道 ETF 可以用來投資，買下去就對了；但這樣其實很容易買到地雷 ETF，甚至可能偏移投資的航道，因此理解 ETF 是必要的課題。

ETF 是什麼？

ETF 的全名叫做「Exchange Traded Funds」，直翻為「在交易所交易的基金」，台灣大多譯為「**指數股票型基金**」。

雖然名稱是如此，但 ETF 與我們熟悉的股票或基金其實大不相同，我們可以將 ETF 的名稱拆解，分別從「指數」、「股票型」以及「基金」這三個部分逐一了解 ETF 的原貌。

指數

金融市場上有各式各樣的指數，例如美股常見的標普 500 指數（S&P 500）、道瓊工業指數或那斯達克指數；生活上更是到處可見各種指數，像是油價浮動指數、通膨指數、房價指數等等。

這些指數之所以存在，就是為了讓我們想知道的答案能更加一目瞭然。拿紫外線指數當例子，我們會很直覺地理解，數字越大就表示紫外線越強烈。我們實際上並不清楚要怎麼計算出相關數值，但卻可以輕易透過這個指數分辨紫外線的強弱。

投資市場的指數也是透過一樣的方式，讓投資人可以更快速理解市場上的變化，**編製指數的公司會決定該指數將透過何種篩**

選股票的方式，來當作此指數的成分股，並在計算的時候決定是否針對特定數值做加權計算。

例如台灣 50 指數，即是選取台灣市場中市值前 50 大的上市公司加上一些判別條件，然後根據「市值權重」編製而成的指數。這說明台灣 50 指數是根據這些入選公司的市值高低（股價 × 發行量），加總起來所形成；而採用市值加權的方式，是目前公認最能衡量一個市場發展情況的方法。

就像入學考試的時候，假設國文考了 90 分、英文 80 分、數學 100 分，YP 學校決定採用分數最好的兩科做加權（150％）處理，得到的加權分數就會是 90（國文）×150％ +100（數學）×150％ = 285 分。

從以上的說明聽起來，你有沒有覺得指數要做的事情好像有某種職業的人也在做呢？ 我們等等就會揭曉。

股票型

股票是在交易所進行交易，ETF 擁有與股票相同的特性，那就是**可以在交易所進行買賣**。

基金

　　基金是募集眾多投資人的資金，交由基金公司（經理人）操作管理，以獲取報酬的一種方式。基金又分為「共同基金」與「私募基金」，市面上看得到的都屬於共同基金，每位投資人都能將錢交給基金公司管理。基金也分為「主動型基金」或是「被動型基金」，主動型基金代表會有專業投資經理人幫忙下定投資決策。他們會試圖運用自身的專業與資源，在變化多端的市場中替投資人帶來超額報酬，因此是以超越大盤報酬為目標，試圖取得優於平均報酬的獲利。被動型基金則是遵循指數，一切按照既定規則進行交易買賣，跟前面所講述的指數是同一個東西。指數如何變化，被動型指數基金就會試圖跟上指數成分股的變化進行買賣。

　　基金的買賣是投資人與基金公司的交易，價格會隨每天變化。

指數股票型基金（ETF）

　　現在你已經知道什麼是指數、股票型與基金，我們來談談這三種元素結合而成的 ETF。

　　當我們將三種元素拼湊起來，ETF 就是一種必須遵循投資策略規則的基金。所有追蹤或是複製任何指數績效的 ETF，就是傳

統型的 ETF，也是我們最常聽到的「被動 ETF」。

對被動 ETF 來說，指數就是 ETF 的核心所在，誰都沒有辦法決定 ETF 該如何買哪些股票，但指數可以。指數就相當於 ETF 背後的專業經理人，掌管著該 ETF 的交易決策。基金公司也沒辦法隨意開除這個經理人，因為 ETF 在發行時就注定要追蹤指數。

相反地，跟指數沒有任何關係的 ETF，例如美股 ARK 系列的 ETF，倚靠的則是基金經理人主動選股交易能力，因此稱為「主動式 ETF」。主動式 ETF 並不追蹤任何的指數，而是以打敗特定指數為目標，試圖獲取比指數更高的報酬，此種主動式 ETF 所要付出的成本會比傳統型的被動 ETF 高出許多（**表 3-4**）

表 3-4：被動 ETF 與主動 ETF 的差異		
	被動 ETF（傳統 ETF）	主動 ETF
目標	追蹤、模擬或複製標的指數之績效表現	由經理人管理，不追蹤、複製任何指數，採取積極交易獲取更高的報酬為原則

不僅如此，由於 ETF 是可以在交易所進行買賣的基金，並不像基金每天只有一種交易價格，所以 ETF 的價格會隨著交易市場隨時變化，這也讓 ETF 會有**淨值**與**市價**兩種價格，這是與基金非

常不同的地方（**表 3-5**）。

資產類別	ETF			基金		
決策模式	主動式	被動式		主動式	被動式	
交易核心	經理人	指數		經理人	指數	
指數類別		策略性	市值型		策略性	市值型
投資目的	擊敗大盤	擊敗大盤	追尋大盤	擊敗大盤	擊敗大盤	追尋大盤
交易地點	交易所			基金公司		
價格變化	交易時間隨時變化			每日一種價格		
價格	市價與淨值			淨值		
管理費用	高	中	低	高	中	低

表 3-5：ETF 與基金的差異

　　ETF 是一種金融工具的類別，就像是股票、債券或基金，各自代表著不同的投資方式。持有傳統型的 ETF，意味著投資人信任該指數在將來所帶來的報酬；而指數化投資者，便是透過追蹤大盤指數的 ETF，來進行指數化投資。

ETF 的特點

要獲取市場報酬,指數化投資所採用的方式就是讓資金一次到位,一次投入市場當中。雖然一間間地買入公司股票也是一種方法,但一來自己手動買入所有股票曠日費時,還需要非常多金錢才能夠完成這件事情。台積電的股票一張就要好幾十萬,亞馬遜的股票一股就要 3,000 多美元,光是這幾檔股價高的公司,小資族就難以買得下手;此外,還得思考該如何準確地追蹤指數的績效,問題很多麻煩也很多,顯得一點也不實際。

而透過 ETF 買入一籃子股票的特性,我們就能用小小的資金,一次囊括上百檔、上千檔的股票與債券,堪稱是投資史上最偉大的發明。

採用指數化 ETF 的特點,不單單只有這些,還有以下幾點:

1. **賦稅優勢**:台灣市場股票的交易稅是 0.3%,ETF 則是 0.1%,在賦稅成本上,ETF 可以省下將近 66% 的費用。

2. **管理費用低**:遵循某種指數的 ETF,由於是被動式管理,費用相較於主動式基金便宜許多

3. **汰弱留強的一籃子股票**:當我們投資的是整體市場指數,表示我們會擁有與市場指數相近的成分內容,隨著指數本

身汰弱留強的機制，表現越好的股票占比會越大，表現差的股票就可能被剔除於指數之外。也由於囊括的股票數夠多，即使單一股票漲跌幅劇烈，也可以透過分散投資避免掉壓重注所受的傷害。

4. **透明機制**：ETF 所追蹤的指數皆為公開，發行券商也會定期公布該 ETF 所持有的公司數目與比例，讓投資者對於投入資金的內容更加一目瞭然。

常見的指數化 ETF（一）：台灣市場

市面上的 ETF 種類跟數目繁多，投資初學者可能會覺得眼花撩亂，不知該從何下手。為了節省你的研究時間，以下將介紹常見且合適的指數化投資標的。我們會從台灣股票市場出發，再看向全世界。

要投資台灣股票市場，目前比較合適的選擇有兩個標的：**元大台灣卓越 50ETF（0050）與富邦台灣采吉 50 基金（006208）**。了解 ETF 首看追蹤的指數，這兩者追蹤的是台灣 50 指數，其持有標的規則為台灣證券交易所市值前 50 大上市公司，並參考公

眾流通量及流動性檢驗的條件,指數包含的標的有台積電、聯電、聯發科、鴻海等等,**買入追蹤此指數的 ETF,就相當投資於台灣市場 70% 的市值。**

在兩者的差異上,0050 的歷史比較悠久,規模較大,採實物申購;006208 則是成本比較划算,採現金申購。我認為這兩者都是合適投資台灣市場的選擇。

如果想要包含更多的台股標的,可以搭配投入 0051(元大台灣中型 100 證券投資信託基金),其追蹤的是台灣中型 100 指數,成份股是扣除台灣 50 指數成份股後,市值前 100 大的上市公司股票。**以 0051 與前兩者 0050/006208 做搭配,就能涵蓋約 85% 的台灣市場市值;**不過 0051 的費用率偏高(0.67%),這點還請留意。相關比較如**表 3-6**。

表 3-6：0050 VS 006208 VS 0051 比較

ETF	發行日期	ETF 全名	總費用成本	規模 (百萬台幣)
0050	2003/06/25	元大台灣卓越 50 證券投資信託基金	0.43%	168,329.39
006208	2012/06/22	富邦台灣采吉 50 基金	0.36%	15,810.90
0051	2006/08/24	元大台灣中型 100 證券投資信託基金	0.67%	594.38

資料來源：MoneyDJ 理財網（2021/09/30）

常見的指數化 ETF（二）：全世界

攤開世界地圖，我們一眼就可以看到五大洲，台灣在世界地圖上顯得非常渺小；而在投資的世界中，台灣的市值約占全世界 2% 左右，比例也頗微小。如果想要徹底參與世界的成長，不妨將視野拓展到全人類，投資世界知名的公司，例如 Google、Apple、微軟、特斯拉、三星，我們的護國神山台積電當然也囊括在內。投資全世界除了能擁有世界一流企業的股份，還能免去下重注在單一國家的投資風險。

美股 ETF

如果想投資全世界，歷史悠久的美國股票市場，提供了許多指數化投資的標的，可以幫助投資人完成這項任務，常見的美股 ETF 包括：

● VT（全球股市股票 ETF）：一檔 ETF 投資全世界股票市場。

● VTI（美國整體市場股票 ETF）：一檔 ETF 投資美國市場。

● VXUS（非美市場股票 ETF）：投資非美股票市場，常與 VTI 組合全世界股票市場配置。

● VEA（非美成熟市場股票 ETF）：投資非美國已開發成熟市場，包含加拿大、歐洲以及亞太地區。

● VWO（新興市場股票 ETF）：一檔 ETF 投資新興市場。

其中**最方便的投資標的是 VT，最分散的投資組合則是採用 3 檔 ETF（VTI+VEA+VWO）**；而採用兩檔 ETF（VTI+VXUS）的組合，則是在方便性、成本及追蹤誤差上取中間值。你可以從中採取任何一種配置來投資全世界股票市場。可進一步參考**表 3-7**。

表 3-7：常見美股 ETF 一覽

	ETF 全名	追蹤指數	內扣費用	標的數目
VT	Vanguard Total World Stock ETF	FTSE Global All Cap Index	0.08%	9287
VTI	Vanguard Total Stock Market ETF	CRSP US Total Market Index	0.03%	4124
VXUS	Vanguard Total International Stock ETF	FTSE Global All Cap ex US Index	0.08%	7760
VEA	Vanguard FTSE Developed Markets ETF	FTSE Developed All Cap ex US Index	0.05%	4090
VWO	Vanguard FTSE Emerging Markets ETF	FTSE Emerging Markets All Cap China A Inclusion Index	0.10%	5250

資料來源：Vanguard 官網（2021/10/31）

美債 ETF

除了常見的股票，債券也是指數化投資中重要的一環。

所謂的債券，指的是一種有價證券（憑證），記載著某單位向你借錢並且承諾支付利息的關係。這個單位可以是金融機構、地方政府、公司或是國家。假設我們買入美國公債，就代表我們把錢借給了美國政府；假設我們買入 Apple 發行的債券，就代表

我們將錢借給了 Apple 公司。購入債券，代表你會在未來獲得對方允諾的利息，對方也會在借錢到期日返還我們所借出的本金。所以，債券即是一種具備借貸關係的有價證券。

在日常生活中，我們將錢放在銀行做定存，並獲得高於活存的利息，實質上就是將錢借給銀行。債券就像一種借貸時間較長的定存，而由於債券的風險比定存更高，例如信用風險、流動性風險、利率風險等等，因此報酬通常也會比定存來得高。

透過債券 ETF，我們就可小額購入原始價格甚高的債券。而且由於我們買入的債券標的足夠分散，還可藉此避免集中投資單一債券的風險。

美股常見的債券 ETF（投資等級債）主要有兩種：

● AGG（iShares 美國核心綜合債券 ETF）：投資美國整體債券市場。

● BND（Vanguard 美國整體債券 ETF）：投資美國整體債券市場。

此外我們還可以放眼全世界，讓資金不只投入美國市場。這部分的選擇有 BNDW，此債券 ETF 是由 BND（美國市場債券）與BNDX（非美市場債券）組合而成，相當於只用一檔 ETF 就能投

資全世界債券市場。BNDW 持有債券的總數目高達 16,557，內扣費用則是 0.06％。前述債券的詳細資料可參考**表 3-8**。

● BNDW（Vanguard 全球債券市場 ETF）：一檔 ETF 投資全世界債券。

● BNDX（Vanguard 國際綜合債券 ETF）：投資美國以外的債券市場。

表 3-8：常見美債 ETF 一覽

	ETF 全名	追蹤指數	內扣費用	標的數目
AGG	iShares Core US Aggregate Bond ETF	Bloomberg Barclays US Aggregate Bond Index	0.04%	9935
BND	Vanguard Total Bond Market ETF	BloomBarc US Agg Float Adj Index	0.035%	10157
BNDX	Vanguard Total International Bond ET	Bloomberg Global Aggregate ex-USD Float Adjusted RIC Capped Index (USD Hedged)	0.08%	6427
BNDW	Vanguard Total World Bond ETF	BND(48.2％) + BNDX(51.9％)	0.06%	16557

資料來源：Vanguard 與 iShares 官網（2021/10/31）

　　可能是因為預期報酬較低的緣故，我過去發現不少投資人並沒有配置債券；然而，債券在投資歷程中扮演的角色就是乾粉，可以在市場火燒屁股的時刻幫忙滅火穩定局勢。債券是幫助投資人順利完成長期投資的重要好夥伴，換句話說，在投資組合中納入的債券 ETF，並不是以進攻獲取報酬為取向，而是扮演**防守降低風險**的角色，主要目的在於協助投資人不因市況惡劣而驚慌賣出。

　　債券也分為很多種，包括公債、公司債、市政債、新興市場債等等。普遍認為相對風險較低、防禦性較佳的就是美國公債。因為買入美國公債，相當於讓美國政府向我們借錢，美國是全世界金融巨頭，也是世界公認國力第一的大國，美國政府違約不還錢的機率，相較於其他國家與公司來說可說是非常低。過去逢金融風暴發生之際，純美國公債的 ETF 表現通常會優於綜合債券。如果要以美國公債做為債券 ETF 的組合成分，你還可以選擇以下不同還款年期的標的：

● 短期公債： VGSH、SHY

● 中期公債： VGIT、IEI、IEF

● 長期公債： VGLT、TLT、EDV

　　一般而言，借出的本金越晚拿回來，自然會承受越高的風險，預期報酬也會相對高一點。但要注意的是：越長期的債券，承受的利率風險通常也會越大。這代表一旦利率改變，長期債券的波動變化將會比短期債券更劇烈。如果你不想在債券 ETF 冒太多風險，我個人會建議採用**中期的美國公債**當作投資組合的一部分。

股債平衡的選擇

　　綜合前述，要透過美股投資全世界的市場，看起來至少分別要選擇一檔股票及一檔債券來投資，不過其實還有一個股債平衡的選擇，那就是 iShares 發行的 AO 系列四檔 ETF **（圖 3–5）**。這四檔 ETF 包含了全世界的股票與債券市場，每半年會自動再平衡一次股票與債券的比例，由於只需要一檔標的就能投資全世界，對於投資人來說是個很方便的選擇，目前內扣費用皆為 0.15％。

● AOA（iShares Core Aggressive Allocation ETF）：積極型，股債 8：2。

● AOR（iShares Core Growth Allocation ETF）：成長型，股債 6：4。

● AOM（iShares Core Moderate Allocation ETF）：穩健型，

股債 4：6。

● AOK（iShares Core Conservative Allocation ETF）：保守
型，股債 3：7。

圖 3-5：AOA、AOR、AOM、AOK 四檔 ETF 之股債比差異

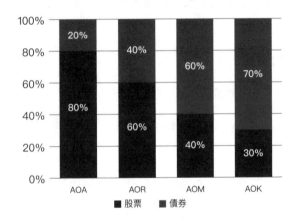

英股 ETF

除了美股之外，英股會是非美市場海外投資人的另一個好選
擇。最主要的原因在於**成本的考量**，雖然英股 ETF 看似內扣費用
較高，但如果加上計算賦稅的影響，與美股相似投資取向的標的
（成分股內容有些微差異）比較起來，在當前稅制沒有改變情況
下，投資人實際所付出的成本換到的價值會更划算。儘管 ETF 所

涵蓋的範疇有所差異，但對於願意換取相對較划算成本的指數化投資者來說，在愛爾蘭註冊、英國上市的 ETF 將是另一種選擇。英股投資全世界股票的 ETF 主要有以下兩檔：

● VWRA：一檔英股 ETF 投資全世界股票市場，累積型。

● VWRD：一檔英股 ETF 投資全世界股票市場，配息型。

這兩檔 ETF 追蹤的是同一個指數（FTSE All-World Index），兩者的差異在於 VWRA 是累積型，VWRD 則是配息型。累積型 ETF 代表不會有任何配息到投資人手上，而是會直接購入 ETF 的成份股，在淨值上做變化，相當於自動幫投資人做股息再投入的動作。另外有一點特別要注意：雖然此追蹤指數並未納入小型股，但也涵蓋了全球股票市場 90 ～ 95％的市值，如**表 3-9**。

表 3-9：常見英股 ETF 追蹤之指數

指數	FTSE All Cap index	FTSE All-World Index
相關 ETF	VT	VWRA/VWRD
收錄標的數	9381	4100
殖利率	1.71%	1.74%
全球股票市場占比	98%	90–95%
最大公司占比	3.19%	3.57%
前 10 股票占比	14.48%	16.20%

資料來源：Vanguard 官網 (2021/10/29)

另外，英股投資全世界債券的 ETF 主要有：

● VAGU：美元避險，累積型

● AGGG：配息型

● AGGU：美元避險，累積型

AGGU 與 AGGG 追蹤的是同一個指數，但 AGGG 是屬於配息型，AGGU 則是累積型的 ETF，且有對美元做避險，主要差異就在這兩個地方。累積型 VAGU 追蹤的指數則是有加入流通量的計算，整體而言，三者內扣費用相同，標的數目也差不多，都是合適的選擇。前述的投資項目，詳細資料請見**表 3-10**、**表 3-11**。

	ETF 全名	追蹤指數	內扣費用	標的數目	配息
VWRA	FTSE All-World UCITS ETF (USD) Accumulating	FTSE All-World Index	0.22%	3758	沒有
VWRD	FTSE All-World UCITS ETF (USD) Distributing				有

表 3-10：常見英股 ETF 一覽

資料來源：Vanguard 官網（2021/09/30）

	ETF 全名	美元避險	追蹤指數	內扣費用	標的數目
表 3-10：常見英債 ETF 一覽					
VAGU	Vanguard Global Aggregate Bond UCITS ETF	有	Bloomberg Barclays Global Aggregate Float Adjusted and Scaled Index in USD	0.1%	7610
AGGG	iShares Core Global Aggregate Bond UCITS ETF	無	The Bloomberg Barclays Global Aggregate Bond Index	0.1%	8540
AGGU		有			

資料來源：Vanguard 與 iShares 官網（2021/09/30）

3-4 指數化投資常用投資組合

　　剛踏入指數化投資的讀者，假如對於海外市場有點害怕，可先從台灣市場開始，選擇 0050 或 006208 做為股票配置。而關於台灣本地發行的債券 ETF，目前在考量多方因素之下，並沒有合適的選擇，建議採用高利活存或定存當作低風險資產配置的替代方案。

　　不過我更建議的投資方法，還是**建構全球市場投資組合**，因為將來海外市場的表現若是優於台灣，單獨投資台灣的組合便無法享受到此份報酬。透過更分散的投資方式，除了可避免投資單一市場的風險，還能有效降低投資組合的波動，更能讓你跟全世界的優秀人才一起賺錢。

　　而關於全世界股票 ETF 的部分，不管是選擇何種組合，背後的想法都是儘可能囊括世界各地的股票，差異僅在實際持有的標的數目、些微的追蹤成效、是否再平衡，以及成本。至於債券的部分，有些人會偏好過去防禦力較優的美國公債，有些人則會採用較分散的美國投資等級債，我自己則是配置更加分散的全世界

投資等級債券 ETF，以上都是可行的配置。**表 3-12** 為大家整理了
指數化投資者常用的各市場投資組合：

表 3-12：指數化投資常用投資組合

ETF		股票 ETF	債券 ETF
台灣市場		0050	
		006208	
全世界	美股	VT	BNDW / BND / IEI / IEF
		VTI + VXUS	
		VTI + VEA + VWO	
		AOA / AOR / AOM / AOK	
	英股	VWRA / VWRD	VAGU
			AGGU / AGGG

　　現在你對於 ETF 已經有更深刻的了解，也知道該如何在不同
的市場中，透過指數化 ETF 建構資產組合。對於一般大眾而言，
採取結合股票 ETF 與債券 ETF 的資產配置組合，搭配定期的再平
衡就已非常足夠；我自己也是採用此兩種資產建構自己的長期投
資組合。

　　不過，光是知道資產配置的組合還不夠，在實際投資之前，還有一項內容得確認——那就是需要**決定股票與債券的比例分別是多少**。比如 8：2 或是 6：4，實際的股債比例將隨著個人因素而有所差異。決定好之後，如果你並非使用單一標的投資全世界，而是選擇在各區域市場進行 ETF 配置，比如美國市場（VTI）、非美市場（VXUS）甚至是新興市場（VWO），就能選擇依照市值大小或個人偏好做比例的調配。關於資產配置的部分，我們將會在第四章中詳細說明。

　　一旦你選擇好標的、決定好配置比例，接下來就是開始投資、持續投資，有資金就投入——只要堅持這一件事就好！

　　截至目前為止，你已經知道**每年 5 分鐘指數化投資的所有步驟與方法**，執行的方式確實很簡單。只要透過前述的步驟，你就能透過指數化投資享受市場帶給你的報酬，實踐股神巴菲特也推薦的投資方法，執行的步驟真的就只有這樣。

　　投資就這麼簡單？真的就是這麼簡單。

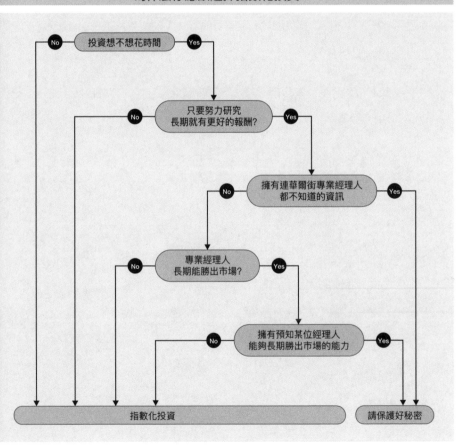

為什麼你應該選擇指數化投資？

第 **4** 章

從零開始
指數化投資

4-1 投資四大關鍵，一個不行

「投資是件單純，但不簡單的事。」

——華倫・巴菲特

「指數化投資那麼簡單，誰不會啊？」你可能會這樣想，但指數化投資的困難處並不在於執行方式，而是在於如何堅持這份理念——如何在長期的投資時間維度下，重複執行相同動作；如何擁有正確心態，度過每一次市場的考驗；如何把握能夠掌控的細節，讓你的投資更有效率。

我與許多人分享過指數化投資的理念與方式，有些人認為太簡單而難以置信、有些人認為買入持有的方式過於違反人性，有些人則認為，要找些飆股才有「投資的感覺」，短期致富才是他們的目標，指數化投資賺錢既慢又無趣。然而，這些看起來是缺

點的描述，才正是指數化投資之所以能夠持續成長、屹立不搖的
原因。

　　指數化投資的理念，是以採用低成本指數化 ETF 搭配資產配
置，透過長期持續買入持有達成財務目標。背後的另一個特點就
是不選擇進場時機、不選擇特定標的；講得更白話一點就是不做
任何預測，不管誰過去漲得多、未來發生什麼事，都要保持紀律，
不間斷地買入資產。

　　聽起來，想堅持執行這件事似乎有一定難度，這也就是本書
存在的原因。接下來，我將會告訴你投資的過程中，四件你可以
掌握與一件你無法掌握的事情（**圖 4-1**），從五個層面為你剖析
指數化投資的關鍵。

圖 4-1：投資過程中的 4 個關鍵與 1 個不行

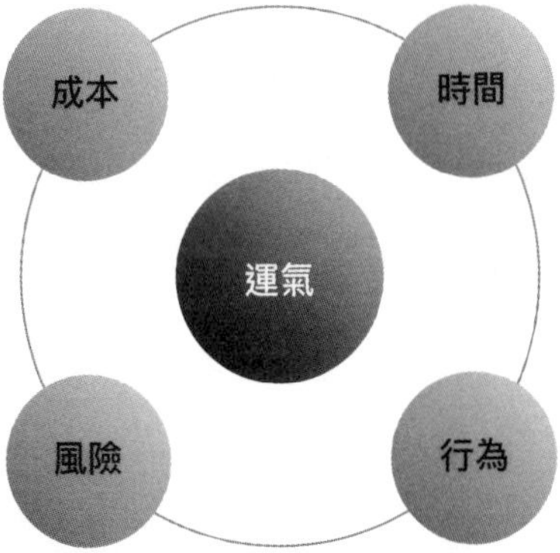

4-2 成本讓你一年只花 5 分鐘

考試中拿到 60 分就算及格，那投資呢？要如何成為一名及格的投資者？答案或許因人而異，但有件事你必須知道：只要採用指數化投資，你就能輕易勝出至少一半的投資者。

不用看盤、不用研究公司基本面與財報，更不需要擇時操作買賣，為什麼指數化投資一年只花少少 5 分鐘，就能讓許多專業投資人以及其他投資者相形失色？靠的就是**成本**兩個字。

擊敗大盤是場零和遊戲

在勝出市場（大盤）的遊戲之中，絕不可能所有人都擊敗市場，有人勝出，就會有人落後。因此你必須理解：**當我們與市場比較報酬的時候，這是一場零和遊戲**，不管市場是否隨時都有效率反映資訊，都不會改變擊敗大盤是零和遊戲的事實。

無論股價波動是大是小、無論市場是走向上漲還是下跌，每一次的股票交易，都代表一方賣出一方買入。即使你無法得知究

竟是哪方在未來會獲利，但有一點不會改變，那就是兩方獲利方向必定相反。

　　當我們縱觀整體投資人的報酬，**一個投資人多於平均的獲利，一定是由落後平均的投資人去承擔**。這是相對於大盤報酬的概念，假設你賺了 8 元，市場報酬是 5 元，就代表你多賺的 3 元，是從別人少賺的 3 元來的。

　　市場代表的是整體投資人的平均獲利，如果將全體投資人獲利狀況採常態分布表示，將如**圖 4-2** 所示。

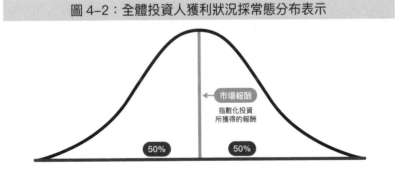

圖 4-2：全體投資人獲利狀況採常態分布表示

市場報酬
指數化投資
所獲得的報酬

50%　　50%

　　市場的報酬位置，就是指數化投資者所獲得的報酬位置。在此分布的狀態之下，擁有市場報酬的指數化投資者，**就等於擊敗 50%的投資人**。

指數化投資擔保你成為前 50% 贏家（甚至更多！）

不過現實生活沒有完美，因為存在一個很重要的因素：**成本**。成本包含了買賣價差、管理費用、手續費等等，導致投資人實際到手的報酬，在扣除成本後，都會有不同程度的減少。

以同樣是投資大盤的指數化投資者而言，如果採取低成本的投資標的，所承受的虧損會較為輕微，實際獲得的報酬不會離市場報酬太遠；但如果是採高成本投資，可就不是這麼一回事。由於成本高昂，實際獲得的報酬會往左偏移更多（**圖 4-3**）。也就是說，在現實投資環境裡，成本會改變投資人的報酬，更準確來說：會減少報酬。

雖然每位投資者所付出的成本不盡相同，我們難以統計扣除實際成本後的報酬分布，但我們仍然可以合理假設：**所有投資人的平均成本會高於指數化投資的平均成本**，所呈現的情況如**圖 4-4**。

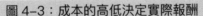

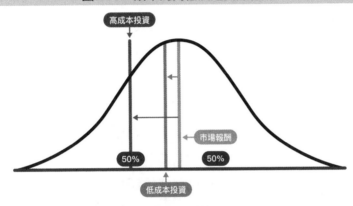

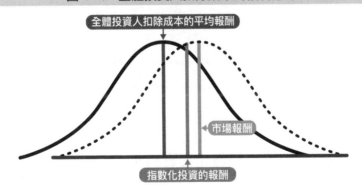

　　扣除成本後，能勝出市場報酬的投資人將會更少，分布向左偏移；而因為指數化投資所獲得的報酬相對貼近市場報酬，這就不僅僅是50%的勝出，而是會**擊敗超過50%的投資人**（**圖4-5**）。

　　我們還可從這張圖得到一個很重要的訊息：當整體投資人平均的成本與低成本指數化投資差距越大，指數化投資將勝出越多人。只要採用低成本指數化投資，你就能成為前 50％的贏家；只要降低成本，你還能超越更多投資者。

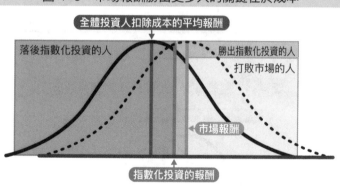

圖 4-5：市場報酬勝出更多人的關鍵在於成本

真實投資狀況下，指數化投資勝出

　　如果有天老闆心血來潮，公布了所有員工的薪資，你猜猜薪資的分布狀況會呈現什麼樣子呢？或者，假設政府公布台灣每位民眾所持有的房產數量，你覺得這個統計結果也會像投資人的獲

利狀況一樣，呈現左右對稱嗎？

　　如果真是這樣，那就表示沒有房產的人數，會等同於擁有最多房產的人數，這種事顯然不太可能發生。實際上，沒有房產或只有少量房產的人數會占據大多數比例，持有眾多房產的人數相較之下會顯得非常少。

　　生活中有許多事情的統計狀況並不會呈現常態分布，好比上述兩者的例子。最主要的原因在於：薪資有最低金額、房產持有數量最低就是零，但數字天花板卻沒有上限。薪資可以是 10 萬、100 萬或是 500 萬，房產持有數可以是 2 戶、10 戶、20 戶；當數字愈大，擁有的人就相對愈少，形成正偏態的分布結果：高峰不會在正中間，而是會稍微往左偏，如**圖 4-6**。

圖 4-6：正偏態的分布狀況

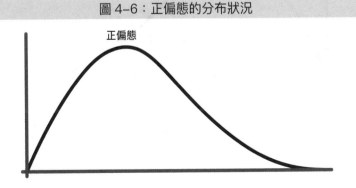

正偏態

在股票的真實世界裡，獲利的分布也是趨向正偏態。原因如同先前的概念：股票的上漲沒有限制，但下跌頂多就是賠光歸零；投資人的資產也是相同道理——資產的增加沒有上限，跌幅也就是歸零。資產歷經複利成長的過程，搭配只有地板而沒有天花板的限制，就可能產生突破天際的獲利數字，這是合理的結果。

因此，當我們回到投資的議題上，投資人相較於大盤的報酬如果改以正偏態的分布來呈現，將如**圖 4-7**。考慮成本之後的分布則會如**圖 4-8**。

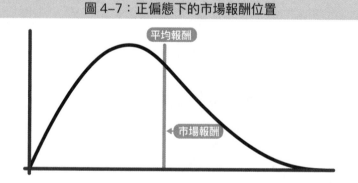

圖 4-7：正偏態下的市場報酬位置

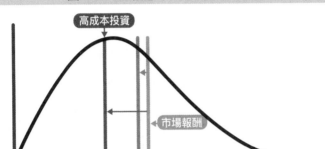

圖 4-8：正偏態下的不同成本報酬

在這樣的情況下，低於平均報酬以下的人數會變多，我們可以很清楚地看出：指數化投資所獲得的報酬，勝出了大部分的投資人（**圖 4-9**）。

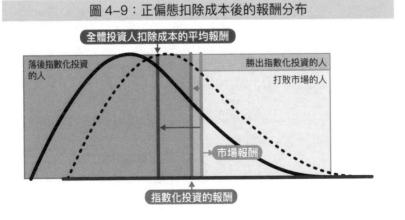

圖 4-9：正偏態扣除成本後的報酬分布

減少投資成本，提升投資效益

只要拿到市場報酬，就可以擊敗大多數專業投資好手，這是無庸置疑的事實。雖然表面上看起來，這個市場報酬正是一道指數化投資跨不過的高牆；但是你必須知道：這道高牆的存在，不只擋住了指數化投資者，其他投資者也會一併被擊潰。對於指數化投資者來說，正因為獲得的報酬夠貼近市場實際報酬，才能讓自己佇立在前段班屹立不搖。

而對於指數化投資來說，成本是最重要的關鍵，也是撐起指數化投資的重要核心。因此指數化投資的關鍵要點之一，就是儘可能減少投資的成本，選擇指數型基金或是 ETF 來達成財務目標。在眾多的投資商品中，要找到成本低且又能帶來效益的標的，不外乎就是追蹤大盤指數的 ETF。要成為一位指數化投資者，就要設法讓實質上所獲得的報酬貼近市場指數；一旦花費過多的投資成本，根本上就是增加支出費用，會讓我們距離所追求的市場報酬越來越遠。為了不讓我們的起步位置落在別人的起跑點前，我們必須慎重看待成本這件事。

不過 ETF 上的成本並不容易被察覺，也導致許多投資人忽略

這位資產的隱形殺手，無形中延宕了達成財務目標的時間。首先我們就從內扣費用講起。

1. 難以察覺的內扣費用

當我們去外面餐廳吃飯的時候，有些餐廳需要酌收 10%服務費。假設我們的餐費總共是 1,000 元，結帳的時候就會加上 10%的服務費，加起來總共是 1,100 元，消費者會很明確知道，因為服務費的關係，還需要額外支出 100 元。

但在投資 ETF 時，我們所付出的成本卻難以察覺。好比現在有個收費 10％的 ETF，目前市價 1,000 元，我們花費 1,000 元買入 1 股投資。對於投資者來說，就是花了 1,000 元買一個價值 1,000 元的 ETF；即使過幾天打算賣掉，也是看市價多少就賣出，**整個過程中看似沒有付出什麼額外費用**，但問題就在這裡。

由於 ETF 的內扣費用並不像餐廳服務費一樣，得需要額外付出一筆錢，所以整個交易過程，你並不會感覺因為管理費用的關係，需要有任何額外的支出；但實際上，**你所需要付出的內扣費用，是從 ETF 的淨值中扣除了。**這就是指**一個內扣費用 X %的 ETF，基金公司會每天在淨值上扣除淨值 × X % / 365**。

也就是說，當你花費 1,000 元購買 10％內扣費的 ETF，假設市場價格一年內都沒有變化，ETF 的真實價格（淨值）卻會每天默默地減少 1000×10% / 365 的價值。過了一年之後，投資者所擁有的價格等於扣除 10％管理費的價值，只剩下 900 元，如圖 **4-10**。這是將一年固定百分比的費用均攤到每天收取，因此會讓你很無感。

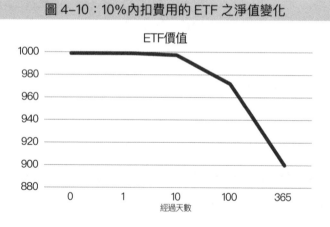

圖 4-10：10%內扣費用的 ETF 之淨值變化

好比你將 1,000 元存在銀行，不但沒有任何利息，每天還會扣除 100/365 的費用，一年過後領出來後才發現只剩下 900 元──內扣費用正是這樣被收取的。如果你再仔細思考一下，就會

發現：我們看到的 ETF 淨值，其實是扣除內扣費用後呈現出來的
數字（實際的扣除時間並非每天，將隨各 ETF 有所差異。）

　　假設當初有位小華同樣也花 1,000 元購入此 10％內扣費用
的 ETF，不過他的運氣不錯，經過一年之後，ETF 上漲 10％變成
1,100 元，小華便開開心心地獲利了結，以為自己賺到了 10％。
但如果他理解內扣費用的運作模式，就會曉得 ETF 實際上漲的幅
度是 10％ +10％，只是真正到投資人手裡的就只有 10％的獲利。
因為另外的 10％獲利，早已每天默默成為基金公司的收入了。這
之中消失的帳面價值，正是我們無形中所付出的成本。

　　因為投資 ETF 所需要付出的內扣費用，不是在買入的時候付
服務費，也不是在賣出的時候付服務費，**而是不管市場漲跌，你
持有的每一天都在付出費用**。但大多數投資人往往不會意識到這
件事情，甚至不了解內扣費用是如何默默的影響投資人的資產。
許多人可能會投入內扣費用過高的 ETF，渾然不覺自己付出高價
的成本費用，而失去了許多得來不易的資產。

　　儘管內扣費用會偷偷奪取我們資產的價值，但我們也都明白
一件事：想靠投資賺錢，就必須先付出一筆錢。反過來說，**只要
我們能夠掌握低成本的投資工具，對投資的結果將有顯著的好處。**

2. 成本能影響資產累積的多寡

投資除了不斷投入資金放大本金，另一個能讓錢滾錢增加資產的方法就是使用複利方程式，也就是本金 ×（1 + 年化報酬率）^ 年份。不過水能載舟亦能覆舟，複利方程式也會讓錢變少——看似很小的成本，在長期的投資時間維度中，會隨著時間帶來巨大影響，以下就單筆一次性投入以及定期定額兩種不同方式，帶你一窺成本是如何造成累積資產的變化。

單筆投入

假設未來的市場年化報酬率是 8％，在不同投資時間與成本費用之下，單筆投資 100 萬所能累積的金額差異如**圖 4–11**。

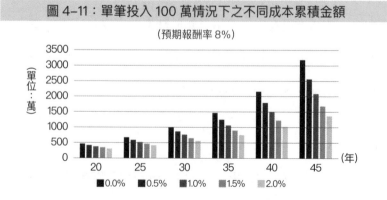

圖 4–11：單筆投入 100 萬情況下之不同成本累積金額

從上圖，我們可以得知：

● 成本費用越高，累積的金額越少

● 投資的時間越久，成本所帶來的影響越顯著

● 同樣累積資產 45 年，不需成本可以累積到超過 3,000 萬，
　成本費用 2%則只能累積約 1,300 萬

而當我們從成本侵蝕多少%資產的角度來看，計算的結果如
圖 4-12。

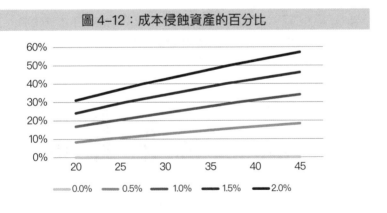

圖 4-12：成本侵蝕資產的百分比

若投資期間 45 年，使用 2%成本費用的投資工具，成本費用
就會吃掉將近 57%的原本應有報酬，有一半以上的獲利被迫拿去
繳納成本；但如果你能選擇 0.5%的投資工具，就能將其占據報

酬的比例大幅降至 19% 左右。

分批投入

不過投資者通常並不會只投資一次就不再投入，大部分上班族都是每年持續不斷購入資產。因此我們採用定期定額的方式進行相同計算，模擬小資族每月投入 1 萬、每年投入 12 萬到 8% 的年化報酬率商品，檢視低成本所帶來的好處（**圖 4–13**）。

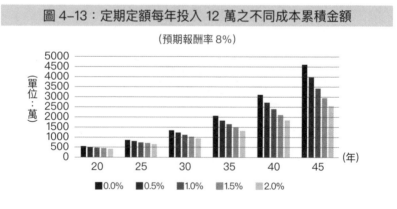

圖 4–13：定期定額每年投入 12 萬之不同成本累積金額

（預期報酬率 8%）

從成本侵蝕多少%資產的角度來看，計算的結果如**圖 4–14**。

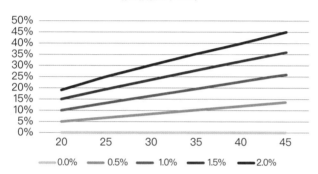

圖 4-14：定期定額每年投入 12 萬之成本侵蝕原有報酬百分比

（預期報酬率 8%）

　　從圖中所呈現的數字，我們可以清楚地看到低成本帶來的優勢。在投資者最常使用的每年投入 12 萬（每個月 1 萬）的情況下，原本 45 年的累積金額可以超過 4,500 萬，但 2％的高成本卻會導致你將近 45％的資產都送給了基金公司，就像是辛苦工作了 45 年，老闆卻只發給你 20 年的薪資，因為公司的稅率是 45％，這豈不是令人難以接受嗎？反之，只要採用較低成本（0.5％）的投資工具，就像是遇見一位好老闆，除了能讓公司獲得收入維持營運，也能讓員工獲得應有的報酬。

　　此外，我們也可以從 Vanguard 對於成本的探討，採用單筆 10 萬元的投資到 6％商品，總共投資 25 年的歷程來說明你必須

採用低成本的商品來提升投資的效益。由**圖 4-15** 可知，2％的成本將會讓你少賺 17 萬，相當於 40％的資產。[1]

　　而只要掌握低成本工具，我們就能避免成本帶來的巨大傷害，進而提升投資效益，增加累積的資產。

圖 4-15：單筆投入 10 萬元到 6％商品 25 年

成本讓你失去
$170,000

報酬
$330,000

報酬
$160,000

單筆投入
$100,000

單筆投入
$100,000

無成本　　　　成本20％

3. 成本能影響抵達財務目標的時間

　　時間 = 距離 / 速率，對於這個公式你一定不陌生。距離好比我們的財務目標，速率則是我們賺錢的效益。相較高成本的投資

商品，採用低成本的投資工具不但更有助於累積資產，還可以讓
我們更快達成財務目的。

　　假設有位小資族每個月存 1 萬、每年投入 12 萬到全球的股
票市場（預期報酬 8％），在不同的財務目標金額，預期所要花
費的投資時間如**圖 4-16**。

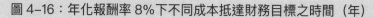

圖 4-16：年化報酬率 8%下不同成本抵達財務目標之時間（年）

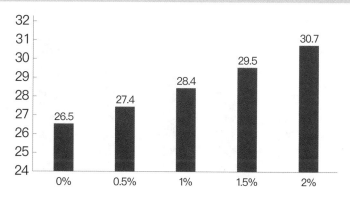

　　以目標 1,000 萬來說，在成本 2％情況之下，需要 30.7 年的
投資時間才能完成，但是如果降低 1％的投資成本，就能縮短 2.3
年的時間，如果成本又降到 0.5％，又可以再加快完成目標的時
間，原本要超過 30 年才能順利累積的資產，只要採用低成本工

具，就可以直接縮短 3 年以上。

但你可能會想，要是全球股票市場景氣不如預期，年化報酬率從 8％下降為 6％，低成本的投資工具還是能縮短抵達財務目標的時間嗎？讓我們看看**圖 4-17**。

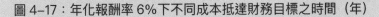

圖 4-17：年化報酬率 6％下不同成本抵達財務目標之時間（年）

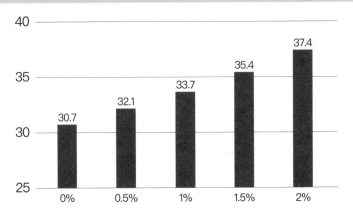

雖然因為預期的投資效益降低，導致不同成本完成目標所需要的時間都增加；但從一樣投資目標 1,000 萬的例子中，我們可以發現成本的高低所帶來的影響反而變大了。原本 2％的成本完成目標時間需要將近 38 年，但如果採用 0.5％低成本的工具，整

體的投資歷程可以減少 5.3 年，比 8% 預期報酬下縮短 3 年的時間還要顯著。由此可見，真的不能小看低成本工具替你省下人生寶貴時間的實力。

同樣都是追蹤全球股票市場的 ETF，在其他條件差不多的情況下，應該選擇內扣費較低的 ETF。因為這個選擇所省下的成本費用，代表能讓你將抵達財務目標的時間往前縮短好幾年。這也代表比起那些與你擁有相同目標的投資者，你將會比他們更早完成目標，而且擁有更多人生自由的時間，這正是掌握成本關鍵帶來的巨大改變。

4. 成本能幫你預測未來績效

掌握成本除了能提升投資的效益，其實還有另外一種功用，那就是可以用來預測未來基金績效的好壞。

根據晨星報告針對 2010-2015 的共同基金所做的研究，他們將基金根據成本的高低分成五大族群，分別計算由低至高不同成本的基金群組，在不同的投資時間中，有多少比例可以勝出類似投資內容的總回報績效。他們將據此計算出來的數字定義為「總回報成功率」。[2]

　　值得注意的是，這個成功率的計算還包含一個條件：**在計算的時間內基金必須要是活著的**。這表示如果有基金被其他基金合併或遭受清算，就不會被計入。這種計算方式會排除在此區間較劣勢的基金，所以帳面上的數據對於基金來說會是美化過的。統計過後的結果如**表 4–1**。

表 4–1：2010–2015 共同基金總回報成功率

成本區間	美國股票基金	國際股票基金	股債平衡基金	應稅債券基金	市政債基金
最便宜	62	51	54	59	56
次便宜	48	50	50	54	52
中等成本	39	39	45	44	32
次昂貴	30	32	31	29	28
最昂貴	20	21	24	17	16

(單位：%)

　　在美國股票基金中，最便宜的總回報成功率有到 62％，而最昂貴成本的股票型基金，其總回報酬成功率只剩下 20％。即使是不同的投資範疇，其結果也相去不遠。所有不同類別中最昂貴的基金群組的總回報成功率，數字卻總是最低，成本高低帶來的差異顯而易見。而在股票基金的範疇中，你更可以發現最便宜的基

金群組，其總回報成功率竟然是最貴的 3 倍之多。這說明了一點：
**只要在基金中選擇成本較低者，你就有更大機會擁有比別人更好
的績效。**

　　整體而言，如果想要預測基金的相對表現，**成本會是一個不
錯的預測因子**。在 Vanguard 對共同基金的研究中（取樣時間在
2005-2014 年）也有類似現象。如果依據成本費用將基金分成四
個族群，費用最少的基金族群，績效會優於費用較高的基金族群
（圖 4-18）。[3]

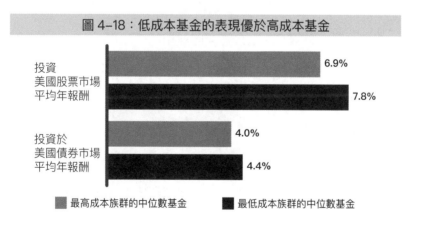

圖 4-18：低成本基金的表現優於高成本基金

　　圖中顯示的數字為投入不同資產的平均年報酬，淺色表示最
高成本族群的中位數基金，深色表示最低成本族群的中位數基金。

結果顯示：**無論股票或是債券，低成本的基金都擁有較好的績效。**

　　而在晨星的另外一個報告中，針對主動式基金能勝出同資產類別的被動指數型基金的機率，他們發現：在長達 10 年的投資時間，擁有低成本基金勝出的機率，高出高成本的基金許多。[4]

掌握投資成本，就掌握勝率

　　你可能會疑惑，為什麼收費較高的基金，在未來的績效中反而有很大的機率表現不好？答案是：「羊毛出在羊身上。」

　　假設現在有兩家基金公司同時雇用同一位經理人，一家收費 1%、另一家收費 2%，但投資者並不知道。小華與小明分別購入這兩家的基金，在一年各自拿到的績效是 9% 與 8%，儘管實質上他們背後所採用的經理人一樣的，但收費比較高的基金公司所展示出來的績效自然會比較差。

　　投資人所能拿到的績效需要扣除收費成本，基金公司的高成本費用，即代表基金經理人除了需要擁有與他人相同的操盤能力外，**還要有額外的績效負擔這些高昂的收費**，才能讓投資者獲取與其他人一樣、甚至更多的獲利。

　　但就過去的統計結果，高成本的基金並非我們想像的如此神通廣大。對於收費較高的基金或是 ETF，我們常常下意識認為他們的產品會帶來比較好的績效報酬。就像我們會預期價格較高的沙發或是家具，整體而言比較耐用、品質較好；醫療效用較好的自費醫材，費用通常都比健保補助的高；米其林獲獎的餐廳，整體的用餐氛圍與餐點都有一定的水準。

　　我們很難不根據生活中的經驗，將收費比較高、比較貴的服務或商品，與比較好的結果連結。因為相較於低收費，較高的收費通常被視為優秀的象徵。**但唯獨投資市場是例外，並不存在這種事情。**

　　在投資的世界裡，貴不一定代表好，便宜的產品卻確實對投資人比較好，明智的投資人務必要選擇低成本投資工具。雖然成本低的產品不代表未來肯定可以拿到高報酬，但可以肯定的是：**只要減少花費，距離市場的報酬將會越靠近；一旦越靠近市場報酬，所獲得的報酬，將勝出越多投資者。**控制好成本，掌握低成本的指數化投資，不但可以讓你縮短抵達財務目標的時間，更是讓你擁有卓越市場報酬的不二金律。

4-3 資產配置：從管理風險出發

> 「成功的投資在於管理風險，而非避免風險。」
>
> ——班傑明・葛拉漢，價值投資之父

　　大家在購買 3C 用品或生活用品時，總是會上網查詢一下該商品的評價，越多正面評價的商品，人們就有越大機率購買。而許多人在選擇投資標的的時候，也是以該標的的過往的績效當作判斷的依據，例如過去一年、三年的投資報酬率。當過去的績效越好，投資人就越有可能買入。投資市場的商品種類眾多，舉凡股票、債券、貨幣、原物料都可以投資。如果投資人要依照過去績效選擇最佳標的，在長期情況看來，股票無疑是表現最好的項目；但一旦只選擇投資股票，你可能就會忘記我們時常聽到的一句警語：**「過去的績效並不代表未來。」**

我們都知道過去的績效不代表未來，但我們的行為卻顯示出我們覺得過去的績效可以預測未來。然而，面對變化無常的金融市場，單純透過績效來選擇未來的配置並不是一項好方法，你需要移除這個念頭，用「從風險出發」的投資理念進行資產配置。

持有多元化資產的必要性

在南大西洋的三明治島上有兩家商店，其中一家賣的東西是刨冰，另一家則是賣燒仙草。每到夏天的時候，賣冰的店家總是絡繹不絕，賣燒仙草的店家則只有稀疏的人潮；但一旦進入冬季，情況可就大大不同，換成賣燒仙草的店家大排長龍，賣冰的只有少數幾位客人光顧。

有天你帶著滿滿的現金來到這個小島，準備大展身手、大撈一筆，請問你會投資哪一家商店呢？

乍看之下你好像只有兩種選擇，不是投資賣冰的店，就是投資賣燒仙草的店，但其實還有另外一種方式：**同時投資兩家**。這樣不只天氣熱的時候能賺錢，天氣冷的時候也可以賺錢。或是也可以這麼說：不管天氣是冷是熱，都能大大降低你賠錢的機會。

這就是為什麼投資時需要資產配置，我相信你一定聽過「不要將雞蛋放在同一個籃子裡」的概念，資產配置的好處之一就是可以**避免集中在單一資產上的投資風險**。

如果投資的內容太過於相近，就會發生以下的情況：

假使你在該座小島不只投資一家刨冰店，還有投資另一家冰淇淋店，同樣都是冰店。因此在天氣熱的時候，兩家的生意會非常好；但相反地，在天氣寒冷的時刻，生意肯定說不上好，還有很高的機率賠錢，因為這兩家店屬性太相近。我們可以說這兩家店的賺錢相關性很相近，導致天氣好時兩家都賺，但碰到不對的天氣，兩家就一起賠錢。

對於投資人來說，表面上是投資不同店家，實質上卻是投資於與特定天氣高度相關的產業。這樣並沒有分散風險，反而是把雞蛋放在同個籃子裡而不自知。不只如此，這次的投資對我們來說還有另一項挑戰：當店家賺錢的條件與**不可確定的因素——天氣**緊密相連的時候，我們其實無法預測未來的天氣是否會和過去相同。一旦天氣轉變，可能天天都很寒冷，那這些冰品的商家就只能關門大吉了。

因此，比起將金錢賭注在單一的天氣上，聰明的投資者會將金錢儘可能分散到不同的資產類別上，因為我們不但沒辦法預測長遠未來的天氣變化，也無法得知各式資產的價格變化。資產配置的做法，就是預期每種風險都有可能發生，**持有多元化的資產**。這種做法不但能把握每一種賺錢的可能，更重要的是，還能**降低資產波動變化的程度，也就是降低風險**。

透過資產相關性降低資產波動

在投資市場上，選擇不同的資產配置，就好比是要決定投資當哪一家商店的股東。不選擇持有單一的資產，原因在於有的資產在此刻是風口上的豬，但風吹的方向未來可能會改變，風口上的豬就有可能換成別的資產。所謂的資產配置，正是看準不同的資產在未來會有不同報酬及價格波動程度，價格的變化也會不盡相同，所以我們可以**利用資產間的價格變動相關性，來實現降低資產波動的目的**。

那究竟什麼是相關性呢？　相關性是**衡量兩種資產間價格變動關係的一種數值：**

● 你漲價我就跟著漲價：正相關性

● 你漲價我不漲：無相關性

● 你漲價我降價：負相關性

好比小島上店家的例子，賣冰賺錢的時候，另一家就賠錢；燒仙草賺錢的時候，賣冰則是賠錢——一旦我們將兩者合而為一，這種兩者兼顧的配置正是一個標準的負相關性組合。

在投資領域中有很多類型的資產，除了一般最常見的股票與債券外，大宗商品、不動產、貴金屬、貨幣都分屬於不同的資產類別。為了理解不同商品之間的價格變化關係，我們可以計算出其相關性，進而選擇合適的資產來搭配。相關性的數值範圍介於 -1 ～ 1，不同的相關性有著不同的消除風險效用，如**圖 4–19**。

圖 4–19：相關性與消除風險效用之關聯

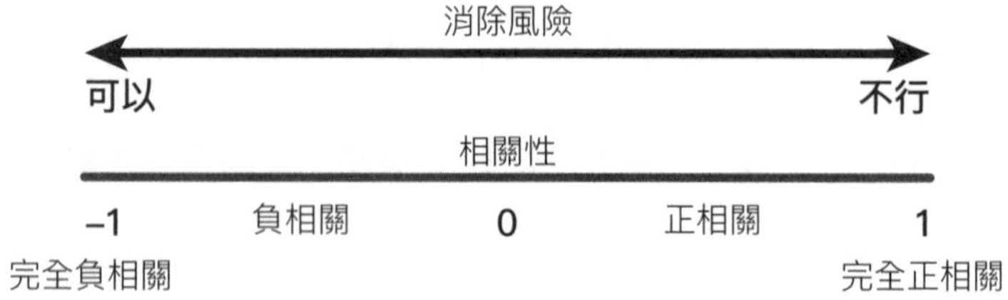

　　資產配置的理論基礎，來自於 1990 年諾貝爾經濟學獎得主馬克維茲（Harry Markowitz）。他於 1952 發表了現代投資組合理論（Modern Portfolio Theory，簡稱 MPT），主要闡述如下：

● 如果資產之間的報酬是不完全相關性，則將其納入同一個投資組合中，可以在整體報酬率不變之下，降低投資組合的波動程度（風險）。

● 換句話說，在承擔相同的風險之下，藉由配置不同類型資產的方式，可以提高報酬率。

　　舉個實際的例子，根據過去五年美國股票與美國綜合債券的歷史數據，採用月報酬及取樣一年間隔所算出的相關性，如**表 4-2**。

表 4-2：過去五年美股與美債之相關性				
2016	2017	2018	2019	2020
−0.21	−0.09	−0.26	−0.37	0.29

　　在 2016 ～ 2020 的五年歷程中，就有四年股票與債券是呈現負相關的關係；儘管在 2020 遭逢疫情，兩者的關係也是接近 0 的無相關。

　　如果將時間拉長，股票與債券兩者在過去 25 年來就有 14 年是負相關的關係。這表示在這 25 年之間，當中一個資產如果上漲，則另一個資產就會反向下跌，這也說明了為何資產配置總是使用股票和債券來當作資產組合的兩大類型，因為股票和債券在歷史中的相關性普遍較低，在本書中也主要就這兩大資產來進行說明。

　　不過，要額外補充說明的是，相關性是一組會持續變化的數字，並非一成不變，相關性的計算也跟取樣的區間及報酬有所關聯。有時候我們會看到股債齊漲，或是股債齊跌的情況發生，這都是正常的現象。

　　雖然根據過去的歷史報酬，股票的報酬長期來看比債券有較高機會獲取更好的報酬，例如從 1992 年投入 1 萬美元至美股與美債，股票的年化報酬率是 10.42％，債券則是 5.12％，如圖 4–20。[5] 但不曉得你是否有發現，這兩者資產的價格波動變化竟然有著天壤之別。

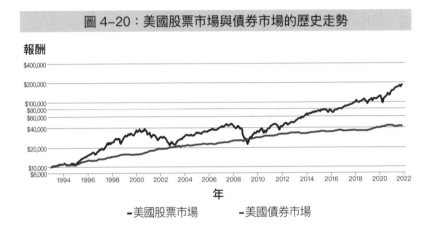

圖 4-20：美國股票市場與債券市場的歷史走勢

資產配置所採用的原理，就是結合非完全正相關的資產，最好是無相關性以及負相關性的多種資產，**透過彼此非一致的相關性，降低投資組合的波動程度**；也因此勢必會加入一些預期報酬低於股票的資產，如債券、貴金屬等等。

假使有位小資族有 10 萬元的資金，在過去這將近 30 年期間全數投入股票，經歷的最大虧損會是腰斬，也就是損失 5 萬元。由於本金還小，虧損 5 萬元可能沒有太大的影響，但如果累積投入的資金是 1,000 萬呢？那他將會面臨 500 萬的虧損。雖然是相同的 50％損失，但帶給投資者的感受絕對截然不同。在那一個損失 500 萬的夜晚，你是否還能夠順利入睡，還是會輾轉難眠，受

不了虧損而準備賣出停損呢？

資產配置就是為了解決這樣的困擾而誕生。儘管加入相對報酬較低的資產類別，會降低未來的預期回報；**但重要的是它能降低整體投資組合的波動程度、降低風險，是幫助投資人長期保持在市場內的最佳方法。**

相信大多數人都有去遊樂園玩的經驗。遊樂園中的遊樂設施，無論速度是慢是快，總是會有安全設施保護民眾的搭乘安全。在資產配置中加入不同資產，就好比幫你加上安全設備，可以避免你中途被市場的雲霄飛車甩出車外。

透過最簡單的資產配置，採用 50 股＋ 50 債的投資組合（如**圖 4-21** 中央線條），除了能有效地降低波動程度，也能取得不錯的報酬。[6]

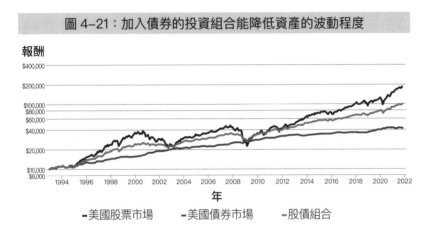

圖 4-21：加入債券的投資組合能降低資產的波動程度

資產配置決定你 9 成的投資績效

「在錯誤的道路上，奔跑也沒有用。」

——華倫・巴菲特

　　YP 為了考取心目中的財務自由大學，在國英數物化五個考試

科目中，特別加強了國文與英文兩個科目，最終這兩科也如預期

在考試中拿下高分。結果他理想大學所採用的加權方式，卻是數學 91.5% + 英文 4.6% + 國文 1.8%。

這個例子跟投資有什麼關係呢？過去的許多投資者為自己建立一組長期的投資組合，堅信自己不論面臨多麼惡劣的市場環境，都能夠堅持到底；但市場總是不經意地替投資者帶來隨堂考，每當市場下跌，投資人往往會因為無法承受虧損帶來的巨大心理壓力，忍不住賣出中斷了投資，也錯失完成財務目標的機會。

在前面的章節中，我們解答了為何投資者需要進行資產配置，好讓自己不會中途就被市場甩出場外。不僅如此，資產配置還有一項特點：**資產配置將是影響投資組合績效的最主要因素。**

早在 1986 年，美國學者所發表的論文研究中，即針對美國 91 個大型退休金基金的投資配置進行解析，欲了解各基金所採用的資產配置與其長期績效之間的關聯。結果發現，這些基金之間績效的變異**竟有高達 93.6% 是來自於投資策略。**[7]

而在 1991 年，又有學者基於之前的研究，進一步解釋造成績效的變異原因，主要可以分為 3 種類型。不同的變因所造成績效變化的比例如**圖 4-22**。[8]

　　你沒有看錯，大家花費最多心思、最喜歡討論的選股，實際上竟然只影響了長期績效的 4.6％結果；而市面上眾多教人看準買賣時機的方法，更影響長期績效不到 2％！**而大家最不在乎的資產配置，則決定了高達 91.5％的投資報酬。**

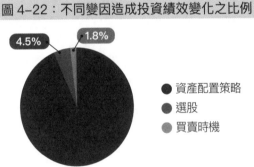

圖 4-22：不同變因造成投資績效變化之比例

4.5%　1.8%

● 資產配置策略
● 選股
● 買賣時機

　　一般大眾難以想像：資產配置原來才是長期績效的主角。想透過短期交易獲取超額報酬的投資者，所追求的目標與方法自然與長期投資者不同；但對於採取指數化投資的我們來說，則必須把心力花在正確的事情上。資產配置代表的是你要花時間決定如何將金錢分配於不同資產，而不是透過選股或擇時進出的方式賺取短期利益。因為，**資產配置不只能讓你安心好眠，還將決定你高達 9 成的長期投資績效。**

手把手教你開始資產配置

現在你已經知道資產配置的諸多好處：可以決定將來高比例的報酬，還可以透過適當配置降低資產的波動程度，協助你達成長期財務目標。如前所述，**最常用來進行資產配置的兩大資產類別分別是股票與債券**，這也是我認為最適合每一位投資者採取的配置內容。

至於要如何分配股票與債券的比例，這其實不是件容易的事情。因為資產配置代表的是你個人特質的展現，在長期投資中，我們最不希望看到的就是投資人因為經不起虧損而離開市場。然而，究竟虧損多少金額或比例，才會壓斷你的理智線？這想必只有你自己最清楚。話雖如此，許多人其實並不了解自己究竟能承受多少心理壓力，對投資計劃能多堅持。這時，回顧過去所發生的歷史大事件，將能成為很好的借鏡。

以美國市場為例，假設採用 S&P500 當作股票、美國柏克萊綜合投資級債券指數當作債券做為資產配置的示範，在過去 1976 ～ 2020 初期，不同的股債比例所擁有的年化報酬率以及最大下跌幅度，如**表 4-3**。

最大下跌幅度	資產組合	年化報酬率
−50.90%	100%股票	11.60%
−46.20%	90%＋10%債券	11.30%
−41.30%	80%＋20%債券	10.96%
−36.10%	70%＋30%債券	10.60%
−30.80%	60%＋40%債券	10.21%
−25.20%	50%＋50%債券	9.79%
−19.40%	40%＋60%債券	9.35%
−13.40%	30%＋70%債券	8.88%
−10.70%	20%＋80%債券	8.39%
−11.60%	10%＋90%債券	7.88%
−12.70%	100%債券	7.34%

表 4-3：不同股債比例的年化報酬率以及最大下跌幅度

　　由表中可看出，資產配置中包含越多比例的股票，擁有的年化報酬率會越高；反之，擁有債券較多比例的配置，則年化報酬率越低。不過在此種組合配置下，最大下跌幅度也相對較低。

　　如果在過去 50 年採用全股票配置，你必須承擔將近 50％的下跌幅度；全債券的配置則僅有 -12.7％，這正是不同股債配置的不同優勢。

　　如果以近一點的例子來說，採用全球股票市場的 VT 與全球債券 BNDW，回測 2020 年的新冠肺炎，擁有 100％股票配置的

配置 1，最大下跌 22.15％，而 100％的 BNDW 的配置 2，則最大的下跌幅度只有 2.89％，採用 50/50 配置的組合 3，則是最大下跌幅度為 10.57％（**圖 4–23**）。

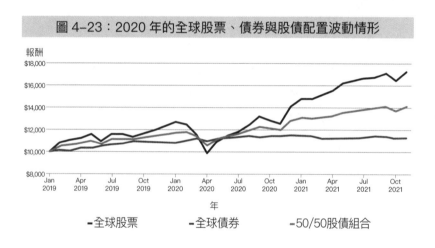

圖 4–23：2020 年的全球股票、債券與股債配置波動情形

我們可以透過前述兩個例子回測不同的資產配置內容，體會在過去的時空背景之下，採用該配置所面臨的最大下跌幅度。你可以當作參考來問問自己，處在多少虧損時你還可以不理會帳面的數字跳動及虧損，安然入睡呢？如果我投入了 100 萬，虧損 30 萬的情況下依然可以心如止水嗎？ 不行的話，如果降低成虧損 10 萬呢？不同的資產配置，就是用來幫助你調整到最適合自

己狀況，降低心理壓力。

資產配置建立於投資者的風險承受度

　　我相信你一定聽過許多人想尋求「低風險、高報酬」的投資方法。回顧之前回測的配置內容，你知道報酬會隨著我們所能承受的風險而有所變化，不願意承受價格波動變化或是虧損，是無法獲得額外報酬的。

　　如果你覺得對自己的風險承受度無法有很好的掌握，也沒關係，不妨參考**圖 4-24** 根據不同年齡所提供的股債配置比例執行，這會是比較簡單的方法。

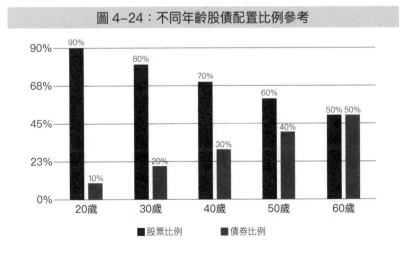

圖 4-24：不同年齡股債配置比例參考

簡單換算，**股票比例 = 110 － 你的年齡**。好比 30 歲的投資人，110-30 所得到的數字為 80，可參考使用 80％ 做為股票配置，另外 20％ 則是債券。

這樣的配置方式，主要是以 65 歲做為退休年齡所進行的配置。年紀較輕的投資者，面對股票市場的波動，一方面可以透過較長的投資時間淡化，另一方面還擁有主動收入的一大助力。在市場較為險峻的局勢下，穩定的收入不但可以滿足生活所需、安撫我們心中不安的情緒，更重要的是能幫助投資者度過下跌的風暴；有多餘的資金的話，還可以投入市場買入更便宜的資產。因為長期投資者知道，只要時間繼續向前走，市場肯定會收復失土；而越接近退休年齡，你會發現採取的債券比例將提高。雖然債券相較股票的報酬較為遜色，但屆臨退休代表會失去主動收入，因此比起報酬，我們更在乎資產的波動程度，能繼續保持在市場當中才是重點。

整體來說，距離失去主動收入還有一段時間的投資者，可以採取波動程度較高的組合，也就是適當提高股票比例；而隨著時間逼近退休點，就要逐步調整資產配置的內容。雖然採用年齡做為資產配置的依據是最輕鬆簡單的方法，但不妨也以自己的風險

承受度為出發點，找出最適合你的資產配置！

資產配置的最佳夥伴：再平衡

當我們決定好股債比例，開始投資一段時間之後，由於股票與債券在未來的漲跌絕對不一樣，我們原本設定好的比例就有可能會產生變化。面對這種變化，如果我們沒有在特定時間去維持或根據某個條件調整投資組合，這種失衡的狀態就會一直持續下去，將導致完全偏離原本設想的股債比例。

因此，調整股票與債券的比例，以避免失衡狀態發生的動作，就稱為「再平衡」。做法就是**賣出上漲的資產，買入下跌的資產，維持原本比例的資產配置**。Vanguard 的報告指出，再平衡的一個小動作，攸關整體資產配置的波動性。**9**

你發現了嗎？再平衡的重點不是在於報酬，而是在於控管風險。如果希望在投資過程中可以保持原先資產配置的航道，那勢必要執行這項動作，以確保航行的方向無誤。

在下方的統計分析中，Vanguard 採取 1926 ～ 2014 長達將近 90 年的投資時間，說明再平衡的效果以及該如何執行。一開始採取實驗的資產配置為 100％的債券到 100％的股票組合，了

解經過了 90 年的時間後，各項資產組合每年的漲跌幅分布區間以及平均年化報酬率，如**圖 4-25**。**[10]**

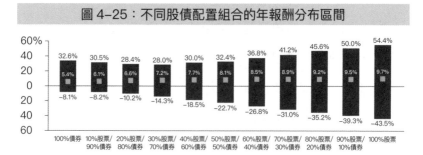

圖 4-25：不同股債配置組合的年報酬分布區間

■ 年資產波動漲幅　■ 平均年化報酬率

透過上表，你可以發現：資產組合中**越多股票的配置，其資產波動漲幅越大**。例如 100％的股票組合，最高的漲幅高達 54.4％，最大的跌幅到 -43.5％，也就是最好的年度表現跟最差的年度表現可以差到將近 97％；如果是全債券組合，則最好跟最壞的年度表現只差到 40％左右。不過如果考慮到年化報酬率，在資產組合中搭配越多的股票，所擁有的報酬率也相對來得高，但就得付出相對應的資產波動。

所以不同的資產在累積成長的過程中，勢必會面臨漲幅不一的狀況，原先資產配置的比例就很有可能會改變。Vanguard 做了

一個實驗，將 50/50 的股債組合進行一萬次模擬，看看經過 30 年後的比例變化會是如何，如**圖 4–26**。**11**

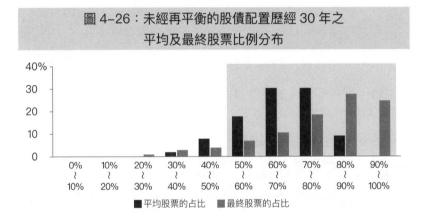

圖 4-26：未經再平衡的股債配置歷經 30 年之平均及最終股票比例分布

由圖可看出，在 90％以上的模擬中，股票的比例會大於 50％；也就是過了一段時間以後，**你的配置已經不會是你的配置了**。這就是再平衡所要解決的問題：讓你的配置比例保持初衷。

既然再平衡如此重要，那在什麼時機調整配置最佳呢？此報告選用 1926-2014 的歷史數據，並且採用 50/50 股債配置，分別針對下列三種執行時機模擬分析：

● 依照時間間隔來做再平衡（月、季、年）

● 依照資產偏移比例來做再平衡（1%、5%、10%）

● 依照資產偏移比例以及不同時間間隔做再平衡

如果要選擇時間的條件來執行再平衡，可以選擇每年做一次；如果要選擇偏移的條件來執行再平衡，建議選擇在5%～10%執行；依照資產偏移比例以及不同時間間隔做再平衡的策略中，則可以每年選取5%～10%的偏移做再平衡，比較如**表 4-4**。

表 4-4：根據時間‧偏移比例‧時間＋偏移比例之再平衡最佳時機

條件 比較項目	根據時間 每年	根據偏移比例		根據時間＋偏移比例		不做再平衡
		5%	10%	每年＋5%	每年＋10%	
平均股票比例	50.6%	50.5%	52.8%	51.2%	52.4%	80.6%
再平衡次數	88	23	6	36	19	0
平均年化報酬率	8.1%	9.6%	9.6%	8.2%	8.3%	8.9%
平均波動率	9.9%	7.7%	7.9%	9.8%	10%	13.2%

　　雖然執行再平衡可以從三種不同的方式進行，不過你可能也會發現：如果執行條件牽涉到偏移的比例，就會需要時常盯著資產配置。然而，太過頻繁觀看投資帳戶的資產，將會帶來更多的風險傷害。此外，上述的執行時機，也需要額外花一次的買賣交易進行調整。

　　因此，如果上述的建議方法對你來說有點麻煩，我認為不妨將執行再平衡的時間調整為「**投入（賣出）資金的當下就做再平衡的調整動作**」。一來你不需要盯盤，二來也不用特別為再平衡多花一次成本調整，只需要在投入時計算再平衡投入的金額執行即可，實際搭配再平衡的範例如下：

　　比方我的資產配置為股債比 8：2，投入資金共 100 萬元，也就是 80 萬投入股票，20 萬投入債券。當我下次再準備投入 10 萬元時，如果股票價值上漲至 120 萬，債券只有提升到 25 萬，就必須根據再平衡計算 10 萬元的分配——投入 4 萬到股票、6 萬到債券，讓股票為 124 萬，債券為 31 萬，維持 8：2 的比例，而非按照 8 萬＋ 2 萬的原始比例投入，如**表 4-5**。

表 4-5：投入資金順便執行再平衡的範例

條件	股票	債券
再平衡前的比例（金額）	82.7% （120 萬）	17.3% （25 萬）
應投入的金額	4 萬	6 萬
再平衡後的資產	124 萬	31 萬
資產比例	80%	20%

　　投入資金順便執行再平衡的方式，雖然看似並非賣出上漲的資產，買入下跌的資產，但其背後的意義與目的其實完全相同，都是要讓資產配置保持初衷，設法降低波動。這是一個方便又有效的方法，除非過程中有異常重大的市場變化，否則很少在尚未投入之間的間隔產生大幅度的比例偏移，造成風險程度變化。

　　再平衡這個小動作，其實是投資世界中反其道而行的行為。投資人看見過去上漲的資產，想做的事情會是買入而非賣出；面對下跌的資產，想做的會是賣出而非買入，但再平衡所要執行的動作就是這麼反直覺，投資人買入的不會是現在資產中的王者，而是過去表現不佳的項目，尤其是在市場大幅下跌的情況，必須展現非凡的決心與勇氣才能夠順利執行。

　　在眾多的數據統計中，儘管大家都知道再平衡所帶來的好處以其重要性，但只有極少數人會重新調整投資組合的配置，多數人將放任投資組合隨意變化，將導致資產失衡的狀況越趨嚴重；更糟糕的是，投資人還可能追高殺低。

　　為了確保你的資產配置目標不偏離正確的航向，**務必要執行再平衡以保持既有的股債平衡比例，這還能讓你可承受預期的波動程度**，讓你在承受風險上獲得更多保障。

用資產配置降低系統性風險

　　一開始我們提到，小島上有兩家商店可以讓我們選擇投資，一家是冰店，另一家則是燒仙草；然而不管你選哪一家，能夠賣出東西賺錢才是最主要的目的。商品要賣出，取決於有沒有人買──換句話說，人潮就是關鍵。

　　假設該座小島的人口只有 100 人，不管我們賣的東西品質再好、再棒，最多也只能賣給 100 位島民；但要是小島的人口有 1,000 人甚至 10,000 人，人潮就是錢潮，我們能賣出的數目相對來說就提升非常多，賺錢的機會也就變高了。

　　也就是說，小島上的人口決定我們獲利的機會，但我們能掌

握小島上的人口數變化嗎？答案是：不行。

要是小島的人口在未來幾年只剩下個位數，光顧的客人寥寥無幾，我們投資的店面有極高的機率會面臨倒閉危機。你還會進一步發現：不管你投資哪一家商店，或從風險角度規劃，不將雞蛋放在同一個籃子裡，同時投資兩家，但**大環境因素關係**會讓島上的店家都無法躲過業績悲慘下滑的命運。這種因為大環境因素所產生的影響，在投資領域中稱為「**系統性風險**」。

誰都逃不過，就是系統性風險的特性。系統性風險沒有辦法靠資產配置消除，無論資產有多分散或相關性多低，我們頂多只能減緩系統性風險帶來的傷害，而無法根除。因為系統性風險是會對整體市場帶來影響，常見的大環境因素如戰爭、毀滅性天災、金融風暴等等，一旦這些事情發生，整個世界都會動盪不安。資產配置只能降低，而無法避開系統性風險帶來的影響，就像是小島的人口萬一嚴重流失，無論賣冰還是賣熱食的店家都難逃虧損。

一旦經濟景氣不好、市場表現差強人意，我們就很常在熊市當中看到大部分股票的績效是虧損的。以最近的 2020 新冠肺炎為例，不只大部分的股票都逃不過下跌，連債券也跟著遭殃下滑，存在金融市場上的資產都得接受如此的打擊。

　　不過馬可維茲在「現代投資組合理論」中談到，**只要透過資**
產配置的方式，就可以藉由分散資產降低風險。這邊所提到的風
險，正是系統性風險。

　　由於不同資產對於系統性風險的反應程度不盡相同，因此透
過資產配置的方式就能降低此風險。好比在流失的島民中，很多
可能是喜歡吃冰的人；如果當初只投資賣冰的店家，所受到的衝
擊絕對會大於同時投資賣冰與賣燒仙草的策略。這正說明了為何
指數化投資者必須要透過合適的資產配置，面對世界帶來的系統
性風險。

　　我們必須牢記：**雖然資產配置是無法完全消除系統性風險，**
只能減緩其所帶來的影響，但也已經足夠。因為，投資的風險並
不是只有系統性風險，還有一個我們並不需要面對的風險，叫做
「非系統性風險」，也稱為「可分散風險」。所以整體來說，投
資所要面對的風險如下：

　　　投資的總風險 = 系統性風險 + 非系統性風險

　　那為什麼我們不需要擔心非系統性風險呢？讓我們把小島的

冰店投資故事繼續說下去：

當我們決定投資小島上的賣冰事業，發現小島上其實有很多種不同品牌的商店，有的專攻冰淇淋、有的專賣雪花冰，有的又是賣芒果冰；不過幸好我們準備了大把銀子來拓展事業，所以總共投了 10 家不同品牌的店家。

一開始每家店經營得都還不錯，但近期有一家芒果店的生意逐漸下滑，原來是因為芒果產地今年受到氣候影響，導致芒果產量大減，無法順利供貨給島上的店家；不過另一方面，我們也發現，原本開在芒果店旁邊、另一家我們投資的冰店，在沒有什麼特別促銷的情況下，生意竟然小幅成長。仔細觀察，原來是那些之前光顧芒果冰店的島民，在失去芒果冰的情況下，便轉移到了另一家冰店去。

雖然芒果產量大減，導致我們投資的其中一家事業面臨虧損；但縱觀整體投資事業，並沒有什麼太大的變化，因為我們掌握了一件重要的事情：即使都是投資賣冰事業，我們依然透過分散投資的方式，沒有押注在單一事業個體。

投資正是需要這麼做。股票有成千上萬檔，在投資過程中一定會出現某些公司發生不利事件，導致股價下滑造成虧損；其他

的公司則可能不受影響，或是間接受益的情況。但只要廣泛地持有每家公司，因為投入的公司數量夠分散，單一公司下跌的虧損就會被稀釋於整體的資產中，降低風險所帶來的影響。

　　因此，所謂的非系統性風險，就是持有個別股票擁有的風險，跟整體大環境或其他公司沒有太大關係。只要透過分散式投資，就能大幅降低或消除，如圖 4–27。假設一家公司因為經營不善，股價下跌了 30％，但因為你總共平均投入 1,000 家公司，這個下滑也只不過佔整體投資的 0.03％。此外，造成該公司下跌的因素，也有可能成為讓其他公司上漲的原因，在這一來一往之間，就有可能抵銷整體投資組合的波動──這正是持有分散式組合所帶來的好處。[12]

圖 4–27：增加持有股票有效消除非系統風險

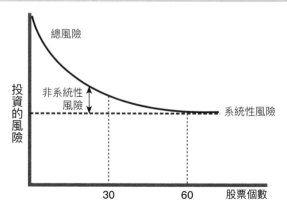

指數化投資者採用分散式的資產配置，僅需要面臨大規模市場風險這類系統風險；然而對於集中幾個標的投資人來說，他們不但要承擔系統性風險，還需要承擔非系統風險。如果你在理財路上不想背負那麼大的風險，指數化投資絕對是你的最佳選擇。

管理風險的關鍵所在

「風險」是在投資過程中，投資人最需要花心力思考的部分。許多投資決策都是來自於風險的承擔與偏好，而資產配置正是掌握風險的一大關鍵。在投資這場戰役中，資產配置的角色並不是攻擊方的矛，而是防守者的盾。資產配置的最主要的功能，就是降低資產波動、減少承擔風險，協助投資者平安抵達財務終點，完成他們的財務目標。

在退休前長達數十年的投資過程中，資產配置可以避免我們因為眼見資產損失而不爭氣地按下賣出，資產配置再平衡也可以幫你降低風險，增加未來可能的報酬。不懂得資產配置概念的投資人，將會讓自身曝露在風險當中而不自知。

不過，資產配置的本體還是來自投資人的心理素質。有的人

天生就不喜歡太過劇烈的變化，有的人無論世界怎麼變化都無動於衷。該如何決定資產配置的比例，是否能讓你因應市場變化而不動如山，這才是最重要的關鍵。投資並不是單單的數字呈現，而像在看一場由風險主導的電影，這場電影的劇情會如何走下去，端看你的行為與反應。只要保持穩健心態、做好妥善風險管理，等在你眼前的肯定會是美好的結局。

4-4 讓時間幫你的投資一把

時間可以改變很多事情，包括你的投資結果。

從過去的歷史資料來看，我們非常清楚，人類自古以來的經濟活動與科技發展從不曾間斷。每經過一個世代，人類所發展出來的軟硬實力，都一步步地將我們帶往更高的境界，讓我們得以享受更加便利、舒適的生活。

股市的發展反映了人類的經濟能力，市場總是可以在下跌之後爬起身來，再次突破先前的屏障，原因不外乎是人類持續不間

斷的經濟活動。我們可以預期，只要人類存在地球的一天，未來的經濟很難不成長。全球市場正是能代表全人類的一項指標，只要我們能保持在全球市場之中，就可以享受到經濟成長所帶來的獲利果實。

然而，許多人會認為市場帶來的報酬太慢，紛紛投入短線交易，試圖獲取更高額的報酬，這也使得他們持有資產的時間一再減少。但我們必須知道：**投資的時間長短，攸關了投資的成敗，因為持有股票的時間長短，將面臨不同的風險以及報酬挑戰**。換句話說，時間可以替投資人改變風險、改變報酬，也可以替投資人避開許多嚴重的錯誤決策。但相反地，誤用時間甚至擇時進出的投資人，就很有可能一敗塗地。

為了避免走在錯誤的道路上，採用買入持有的長期投資方式，將會是你最好的選擇。然而對於大多數人來說，長期投資並不是件容易的事情。為了協助你克服長期投資的心魔，以下將幫助你了解投資人在長期投資上會遇到那些挑戰，以及長期投資是如何幫助我們抵達財務終點。

長期投資：誘惑太多，耐心太少

「這個投資要等多久才會賺錢？」

每當我向身邊友人分享指數化投資時，總是告訴他們投資是一件馬拉松賽事，而不是 100 公尺短跑，至少要把時間拉到 5 年以上，才能有符合預期的報酬。然後我就會看到他們臉上明顯困惑的表情，以及帶著有點遲疑的口吻問道： 要投資這麼久才能賺錢啊？

短期的投資交易獲利難度很高，但大多數投資者總是奢望快速致富，所以常常奮不顧身，一頭栽進短線交易的情境之中，冀望自己是獲勝的那一方。然而，結果就如同我們常聽見長輩對我們的告誡：「玩股票太危險了，你會把錢賠光。」

你可能不曉得，事實上，有很高比例的投資者會虧錢，是因為他們嘗試在短時間內設法賺進大把銀子。但短期交易非常困難，大部分人的下場都是賠了錢又花時間；如果你已知道投資市場上做什麼容易賠錢，你就不應該往那個地方去。

相反地，如果投資者願意保持耐心，將投資時間拉長到 5 年以上，我們常聽到大眾關於股市的描述，可能就會改寫成「**有錢**

就趕快投入市場，保持耐心就會賺錢」。我很希望可以改寫大眾對於股市的想像，但大眾似乎普遍沒有如此的耐心，尤其看到各種選股、擇時交易賺大錢的資訊，自己卻還要花好幾年等待市場成長，真的不太容易。

然而，不願意等待複利成長、缺乏耐心，是投資人面對長期投資中最大的問題所在。外面的誘惑太大，而那些藏在誘惑背後的風險，往往就是被大眾忽略的事實。

如何克服「損失規避」的心理

在我們準備好耐心，迎向長期投資的旅途後，會發現真正的試煉才剛開始。投資的過程中，投資人什麼都不怕，最怕的就是「賠錢」兩個字。

賠錢的感覺我相當清楚，當看見自己的資產下滑、甚至賠錢時，會有什麼樣情緒上的反應呢？那是一種萬分痛苦、一種「早知如此，何必當初」的懊悔，彷彿在對自己說「為什麼當初不等到現在跌了再買呢？」

而且不只如此，由於投資人面對的是無法揣測的未來，更會

深怕虧損的幅度會繼續擴大。在面對賠錢的失落心情之際，大腦會感受到面臨危險的訊號；而錯誤的決策，也就是賣出的想法，往往就會在此時萌芽。

在投資心理學中有個鼎鼎有名的現象，稱作「**損失規避**」（Loss aversion），這正是讓我們面對下跌時萌生賣出想法的重要原因。這是延伸自美國行為經濟學之父、諾貝爾經濟學獎得主康納曼（Daniel Kahneman）所提出的展望理論。這個現象所要表達的是：對人類而言，我們面對虧損時的痛苦程度，會遠大於我們賺錢時的快樂程度，換句話說，**我們喜歡賺錢，但我們更討厭賠錢**。[13]

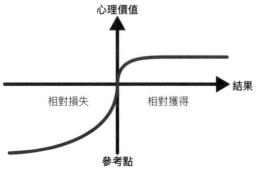

圖 4-28：損失規避的心理

如果你不曾投資過,那我們可以透過當初康納曼實驗的內容,讓你實際感受一下虧損與獲利之間的心情差異:

1. 公司發給你 10 萬元參加尾牙,有兩種方式可以改變獎金的金額,你會選擇哪一種?

   A:50％的機率,獎金加倍至 20 萬

   B:100％的機率,獎金增加到 15 萬

2. 公司改發給你 20 萬獎金,但你還是要選擇以下其中一種方式改變你的獎金,你會選擇哪一種?

   A:50％的機率,損失 10 萬

   B:100％的機率,損失 5 萬

在你尚未看到此實驗結果前,不妨先選擇自己傾向的答案再繼續往下看。

在上述的實驗情境中,康納曼觀察到關於第一個增加獲利的問題,有高達 84％的受試者選擇 B;而關於第二個減少獎金的問題,則是有 69％的受試者選擇了 A。[14]

　　實驗的結果相當有趣。其實兩題的答案 A，都代表 10 萬與 20 萬出現的機率各是 50％；兩題的答案 B 則都是 100％保證拿到 15 萬的選項。雖然兩個問題提供的選項內容相同，但在不同的情境之下，受試者卻會給出不同的喜好結果。

　　比較一下，你的選擇是否跟大眾差不多呢？這個實驗結果，說明我們的風險偏好會隨著情境不同而改變。我們並不會自始至終保持相同心態去面對每一件事情。

　　也就是說，如果這件事情是關於獲得的報酬、對我們有益處的話，我們就會傾向要拿到手，不會願意承受多餘的風險；而如果這件事情是關於損失、對我們是有害的，那我們很可能就會不顧背後的風險，想要拚一把輸贏。這種根據不同的好與壞，擁有不同風險喜好的行為就是「損失規避」。

　　在損失規避的心理反應中，我們賠掉 1 元的痛苦程度，要賺取 2 ～ 2.5 元的喜悅才能打平，我們很討厭賠錢的感覺，虧損比起賺錢的喜悅來得痛苦許多。這在無形中，也容易讓我們因為短視的損失規避，造成長期資產配置中的規劃過於保守。

　　而影響最嚴重的地方在於：你很有可能為了要避開短期的痛苦，在股價下殺之際賣出手中的資產；但迎接而來的，將是你意

料之外的結果。

不要輕易離開市場

> 「時間是你的朋友，衝動是你的敵人。」
>
> ——約翰 · 伯格（John Bogle），指數基金之父

一旦你離開市場，或許有機會可以避開接下來的大跌，避免資產的損失；但也很可能錯過未來上漲的好日子。賣出資產離開市場的麻煩處在於：**「何時離開」與「何時回來」，是個買一送一的難題**。如果無法精準賣出以及精準買入，結果也比不上長期投資的買入持有投資者。

想像過去的 2000 ～ 2019 年，投資美國市場的人如果因為受不了虧損賣出股票，不小心錯過該段時間最好的上漲交易日，影響會有多大。**15**

圖 4-29：2000-2019 投資標普 500 一萬元，
錯過最好上漲交易日之結果

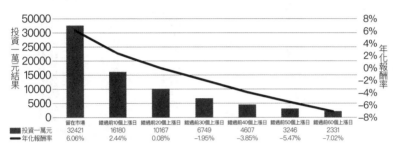

從圖 **4-29** 來看，在任何情況下完全不賣出的投資者的年化報酬是 6.06％；而有賣出的投資者只要錯過前 10 個好日子，報酬馬上降到 2.44％；錯過了前 30 個好日子，年化報酬率就變成負的。也就是說，**面對市場下跌，完全不賣出的買入持有投資者，可以擁有最好的報酬**。因為其他投資人已經錯過最佳上漲日，參與上漲的日子少，報酬不可能跟整體相比。

除此之外，最好的上漲日總是發生在最差的下跌日之後。這意味著：**當你因受不了損失賣出資產的時候，幾乎不可能在適當時間買回參與最佳的上漲日**。舉個例子，當投資人因為市場下跌賣出資產，而錯過賣出隔一天的漲幅，會發生什麼事情呢？

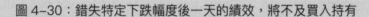

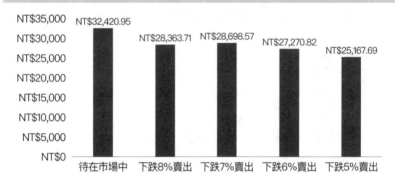

圖 4-30：錯失特定下跌幅度後一天的績效，將不及買入持有

根據圖 **4-30** 模擬的結果，無論投資者是因為市場下跌 5％的情形賣出，或是下跌 6％、7％或 8％的情況賣出，錯失賣出後隔一天的報酬**將不及始終保持在場內的投資策略**。根據以上的數據分析，我們可以輕易得知：**簡單的買入持有長期投資，報酬幾乎都會勝過因下跌而賣出的投資方式。**

但想要長期投資並不容易。除了損失規避容易讓投資人做出不理性的財務決策，市場報酬不斷增長的過程也是波濤洶湧。比如在過去 20 年的美國市場，雖然有高達 8 成的年份年報酬為正，但在每個年度，最大的下跌幅度都是虧損的（**圖 4-31**）。

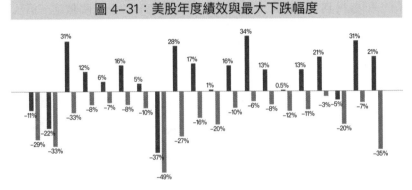

圖 4-31：美股年度績效與最大下跌幅度

價格的短期波動是我們在長期投資中所要面臨最大的挑戰，尤其是面對資產虧損的時刻，我們會擔心繼續賠錢，對於市場未知的走勢感到恐懼；但其實只要長期持有，不要試圖離開市場，你就能贏得更好的結果。

永遠只玩正期望值的遊戲

　　一家賭場要能夠賺錢，靠的是讓賭客一直玩負期望值的遊戲。比如一場翻硬幣的遊戲，賭客下注 100 元，猜對正反面將獲得 90 元，猜錯將沒收賭資 100 元。即使沒有特別去算期望值，我想你直覺也會不想玩這個遊戲。然而，如果實際算出遊戲的期望

值，則會得到 50% × 90 + 50% × (-100) = -5 這個數字。這代表賭客每次下注 100 元，預期的結果將會是虧損 5 元。無論這位賭客多有錢，只要他一直玩這個遊戲，總有一天會賠光他的賭資。因此，為了讓賭客一直玩下去，賭場通常都是金碧輝煌，還提供許多優質服務。他們的策略就是讓賭客想長久留下，一直玩期望值為負的遊戲，這正是賭場賺錢的秘密。

投資市場顯然也是個賭場，每位投資客都在下注不確定的未來，藉由承受風險獲取可能的報酬。不過，指數化投資的賭場，與一般賭場不大相同——**因為市場，是個讓賭客賺錢的良心賭場**。

我們回顧代表台灣市場的台灣加權報酬指數，在 2003/01/01 是 4524.92，在 2021/08/31 則是 34530.01，換算成年化報酬率約為 12.19%，月報酬率則是 0.96%（**圖 4-32**）。如果有位投資人從市場一開門，就每個月與市場下一次賭注；歷經十幾年，相當於玩了 211 次的猜硬幣遊戲。玩到現在的結果，他不但沒有賠錢，竟然還是賺錢的——這是個名符其實的正期望值的遊戲。雖然市場的過程有漲有跌，但只要投資人堅持留在這間賭場上一直下注，他就能獲得相當甜美的報酬。

　　不只台灣股票市場的賭場如此佛心，全世界股票市場的賭場也是如此。只是多數投資人都用錯誤方式參與賭注，價格一有波動就恣意進出市場。但如果想要拿到期望值的結果，參與的次數就得過多，不是只玩一兩次就收手。正確的玩法應該是**買入持有，長期投資，讓自己始終參與這場期望值為正的市場。**採取買入持有的長期投資，才是讓你擁有更高賺錢機會的投資方式。

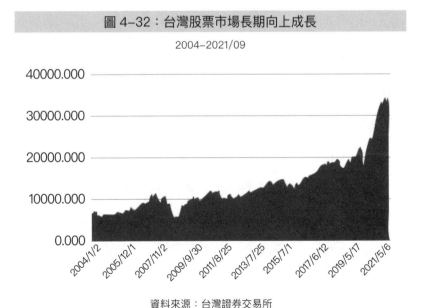

圖 4-32：台灣股票市場長期向上成長

2004–2021/09

資料來源：台灣證券交易所

提高賺錢機率，減少可見虧損

我們都希望自己的資產可以如預期成長，不想讓市場的下跌搗亂我們投資的計劃。這也就是說：如果在投資過程中可以減少看到虧損的次數，我們就不會因為看到股價下跌而影響情緒，也不會因為無法承受虧損而賣出資產，被迫中斷長期的投資計劃。

長期投資的一大優點，正是能幫你戴上避免虧損的墨鏡，藉由這副墨鏡的特殊功能減少讓你看到虧損的機會。

統計美國市場（S&P500 指數）1928 ～ 2020 長達將近 100年的區間，要是持有資產的時間只有一天，我們有 48% 的機率會面臨賠錢的結果——這跟猜硬幣的機率差不多。但隨著我們持有的時間增加，看見虧損的機率就會隨之下降。我們可以從更長的美國市場 1927 ～ 2021/07 統計資料驗證這一點，如**圖 4-33**。

只要你持有的時間達到 5 年，獲勝的機率就超過 80%；而且持有的時間越長，虧損的機率越低，看到賺錢的機會越多。

而如果放眼投資全世界市場（以 MSCI ACWI 指數為例），只要持有時間達到 10 年，就有 94% 獲利機會；達到 15 年，將保證擁有 100% 的獲利機會（**圖 4-34**）。

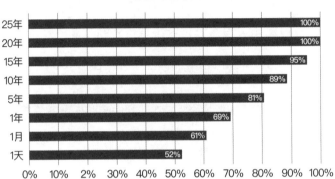

圖 4-33：投資的時間越長，獲勝的機率越高

1927–2021/08

資料來源：Yahoo Finance ／ 整理計算：YP

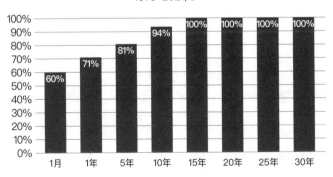

圖 4-34：投資全世界獲利機率

1970–2021/9

資料來源：MSCI 官網 ／ 整理計算：YP

　　而且我還要告訴你：這個能夠減少看見虧損或所謂「增加勝率」的方法，其實沒有很多人知道——這是一個秘密。因為紐約證交所的資料顯示，現在投資者持有資產的時間不斷下滑，他們正讓自己陷入易於虧損的情境而渾然不知（圖 4-35）。[16]

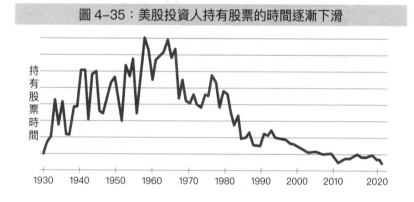

圖 4-35：美股投資人持有股票的時間逐漸下滑

　　但幸運的你，目前已獲得比他人更重要的情報，**長期投資，能夠提升你賺錢的機會**，也能減少看見虧損的情況，換句話說，如果你想要讓自己能夠保持在長期的財務航道上，就儘量減少觀看帳戶的頻率，這將有助於你的長期投資計劃。因為當你持有以及查看的時間間隔越久，你看到的資產成長方向，才會是你財務目標的方向。

長期投資，讓你股債雙贏！

　　長期投資除了可以提升獲勝的機率，還有一個很重要的功能，那就是收斂資產的價格波動。讓我舉個例子讓你明白：

　　小明前幾天前向小華抱怨自己的投資情況。小明幾年前看到摩根大通的報告指出，美國市場的股票在過去 70 年有平均11.3％的年化報酬率，而美國的債券報酬只有5.9％。[17] 所以他便非常興奮，想著乾脆投入股票就好，反正過去報酬比較高；結果，在 2020 年新冠肺炎的疫情壟罩之下，股票被殺個措手不及。小明抱怨，報告裡告訴我們股票能比債券帶來更好的報酬，根本是騙人。你認為是摩根大通的報告有誤嗎？ 還是小明對於報告有什麼誤解呢？

　　我們很常聽到「股票的報酬一定優於債券」，其實這句話不完全正確，比較合適的說法是，**「股票有很高機率帶來比債券更好的報酬」**。而且想讓這句話成立還要有一定的條件，**關鍵就在於「持有資產的時間長度」**。

　　在摩根大通的報告中，小明只注意到過去不同資產間的年化報酬率。然而，只看報酬率推測未來的情況是很不明智的判斷方

式。他應該要多看一眼，因為在報告中還透漏了一項很重要的訊息，**那就是不同的持有時間，價格變化的波動區間**。[18]

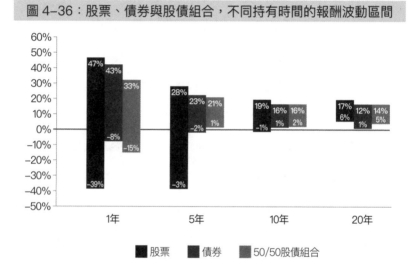

圖 4-36：股票、債券與股債組合，不同持有時間的報酬波動區間

如**圖 4-36**，如果持有股票的時間僅有一年，價格的變化會介於 -39％～ 47％，天堂跟地獄似乎只有一線之隔：好的時候發大財，壞的時候睡公園。同樣在一年的持有時間內，債券的報酬則落在 -8％～ 43％之間，表示有 8 成以上的機會是正報酬，高出股票許多。但如果我們把持有的時間拉長到 20 年，股票就有 6％～ 17％的報酬，債券也有 1％～ 12％的不錯報酬。這可以印證前一

個章節所提出的好處：**長期投資可以提升賺錢的機率，不論是股票與債券。**

　　股價的變化波動程度，會影響到我們預期的投資結果。在數學上，我們常使用標準差來表示能夠反應出股價波動程度的數值。股價的標準差越大，表示好的時候很好、壞的時候會很壞；標準差越小，則表示股價的變化區間比較窄，好的時候好一點點、壞的時候也只壞一點點。雖然歷史數據告訴我們，股票的長期報酬會優於債券，但正是因為股票短期價格波動變化甚大，投資人所承受的風險也相對來說較高。

　　我們總會強調投資不能使用短期內預期支出的資金，這不只是因為價格波動大，還因為你有可能會做了賠本生意。如果你現在投入的資金來源是一年後打算用來創業的 100 萬或買房的頭期款，在這種情況下，實在就無法有充分信心在不虧損的狀態下採收報酬的果實。那麼，究竟要持有多少的時間，股票的報酬才能夠接近我們的預期結果呢？

　　圖 4-37 為統計美國市場在過去 150 年之間，納入股息扣除通膨後，在不同持有時間下年化報酬率與標準差的相關數據。[19]

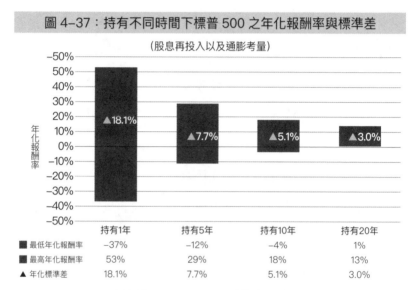

圖 4–37：持有不同時間下標普 500 之年化報酬率與標準差

（股息再投入以及通膨考量）

	持有1年	持有5年	持有10年	持有20年
■ 最低年化報酬率	−37%	−12%	−4%	1%
■ 最高年化報酬率	53%	29%	18%	13%
▲ 年化標準差	18.1%	7.7%	5.1%	3.0%

資料來源：Yahoo Finance/ 整理：小資 YP

　　從不同持有的時間，我們可以看出代表股價波動幅度的標準差，會隨著持有的時間增長而遞減，兩者呈現反比。持有時間越長，報酬越不容易偏移。只要將投資的時間從 1 年的時間延長到 5 年，標準差就會減少一半以上，更長的時間就更不用說。想要讓股票的報酬趨於穩定的波動，投資的持有時間正是關鍵所在。我們可以認定 5 年內的股價變化都是相對劇烈，**拿到預期報酬的最好方式，就是做超過 5 年以上的長期規劃**。

　　指數化投資的平均報酬講求的是長期投資的結果，我們所規劃的預期目標是採取長期的觀點，正是長期收斂下來的報酬結果。現在你已經明瞭，短期的價格變化深不可測，過短的持有時間將可能導致股票的報酬落後債券或是定存。如果要讓投資組合可以獲得預期中的報酬，你要做的事情就是長期投資，增加持有資產的時間，讓股票與債券雙贏。只要持有的時間越長，價格的波動與報酬就會朝你想要的方向前進。

長期投資，與資產一起成長

> 「歷史數據強力地支持了一個結論：要投資成功，你就必須成為一個長期投資者。」
>
> ——約翰‧伯格

　　投資是件與現實生活反其道而行的事。人類透過眼睛了解世界的變化，離我們越近的事物，我們就看得越清楚——但投資卻是完全相反的邏輯：在越近的時間，我們越看不清楚市場的走勢。

在短期的投資維度中，我們很可能被市場先生迂迴的步伐搞得困惑不已，有時候來個大漲，有時出現措手不及的下跌；但只要我們將目光放在長遠的投資維度上，一切都會變得明亮清晰起來。

面對市場短期難以預測的漲跌幅，大多數投資人都耗盡心思猜測明天或下個月的數字；然而，明年、5 年後甚至是 10 年後的結果，往往才是你能看得清楚的未來。想要洞見市場，越近越清楚的法則並不適用，能預見的那個遠方才是投資最清晰可見的所在。

懂得掌握投資時間週期長短的投資人，不會將短期會使用到的資金投注到市場當中，使其承受較大的風險波動以及可能的虧損；而是選擇能夠長期待在市場的資金，透過長期買入持有減少資產價格波動，並減少觀看帳戶的頻率，讓自己保持好心情與資產一同成長。

大多數人總是抱持透過投資快速獲利的迷思，面對投資缺乏耐心、面對波動感到驚慌、面對上漲過度自信。在追求投資致富的過程中，這些挑戰在在考驗著我們長期投資的決心與毅力。如果你想在投資過程中順利抵達財務終點，除了要謹記長期投資能帶來的好處，更要想想短期投資會帶來的風險。如前所述，「從

風險出發」，才是投資時更好的判斷方法。如果單單只需要付出一些耐心，就能夠讓你降低風險、減少虧損、增加獲利，這樣豈不是超級划算嗎？相信你也能夠明白這個道理。

4-5 控制行為，贏得致富金鑰

「投資者最主要的問題──甚至是最大的敵人──很可能就是他自己。」

──班傑明・葛拉漢

　　投資場上最大的敵人，其實就是我們自己。在前面幾個章節中，我們提到風險、成本以及時間三項我們可以控制的環節；不過我們的行為，卻有可能輕易打亂先前好不容易制定的計劃。因為在投資過程中，市場價格變化伴隨而來的想法與情緒都會影響

你的投資行為。你一定曾認為自己制定的計劃天衣無縫，但就是會有意外發生。

投資中的意外，有很大的一部分是來自投資人自己，原因不外乎我們在投資上的疑慮或是迷思所造成，而這些困惑是可以預先解惑的。

接下來的章節，我將與你分享我在投資過程中自己也曾深陷的問題，廣大的投資朋友也一定有相同煩惱。首先我們就來談談「選股」的誘惑。

免選股的投資法

看到別人在過去買到飆股，你一定很羨慕，也躍躍欲試吧？在茫茫股海中，每位進來股市掏金的投資人，都想嘗試透過選股賺進大把鈔票。大家總是會熱烈討論要買哪支股票，甚少聽到有人一開始就直接分散投資，全買整體市場的股票。要避開選股發財的誘惑，真的很不容易。從前面的眾多數據，我們已經得知分散式指數化投資帶來的優勢極大；但為了讓你對選股有更高的免疫力，在此要進一步說明集中選股背後所帶來的挑戰與風險。

　　要投資人不選股投資，並不是一件簡單的事情，連當初的我也不例外。在指數化投資概念還不是那麼蓬勃、我初入股市之際，就是從學習基本面評估公司未來的發展性，加上學習技術面靠上上下下的線圖尋找股價轉折點，以雙管齊下的方式擇股投資開始。最終的結果就是花了時間和精力但不得其門而入，還是選擇指數化投資。我並不想讓你跟我一樣繞了遠路，才找到最好的方法，所以我要告訴你：之所以要選擇購買整體市場（全部）的股票，而不是壓重注在某幾檔股票上，**是因為市場的報酬，大部分都是來自於極少數的股票。**

　　在長期的投資維度中，僅有少數的股票會替整體市場帶來巨大的財富。買下全部的股票，不僅可以確保擁有未來的飆漲股，還能分散風險。但可惜的是，檯面上選中飆股帶來的超級報酬，讓投資人忽視了集中投資的風險，也因此沒意識其實有更多人是因為選錯股票而散盡家財，賠了一屁股後黯然退場。**透過選股的方式集中投資，不但是件勞心勞力的事情，而且還很危險——我們其實只要買下整個市場就好。**以下將透過簡單的數學概念，幫助你堅定長期分散投資的信念。

選股致富有多困難？

我們不妨從擲硬幣的遊戲談起。

如果有個擲硬幣的遊戲，每次玩都需要付入場費，正面獲得入場費兩倍金額，反面則沒有獎勵；而現在你有 1,000 元，你會選擇一次下注 1,000 元，還是會用 100 元玩 10 次？

硬幣有正反兩面，我們可以將它視為一檔股票，正反面分別代表上漲與下跌，機率各是 50%。當我們試著將一枚硬幣連續投擲 3 次。透過亂數擲硬幣的方式，模擬 10 萬次的結果如**圖 4-38**。

圖 4-38：模擬一檔股票在 3 天內可能的上漲次數

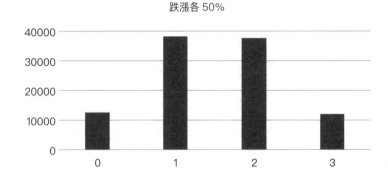

　　在 10 萬次裡面，有大概 37％的結果是三次中出現 1 次正面或 2 次正面；但也有機會出現擲三次結果 0 次正面，機率為稍低的 12％。因此假設要玩個連續 3 次的投擲硬幣遊戲，會比較常出現 1 次或 2 次正面的結果。

　　那如果改將此硬幣擲 20 次，那出現個別正面次數的機率又是多少？最有可能出現幾次正面呢？

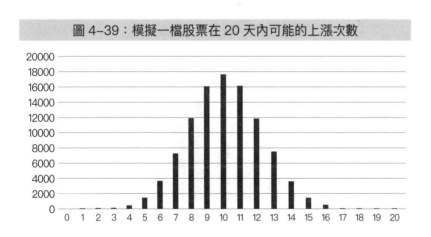

圖 4-39：模擬一檔股票在 20 天內可能的上漲次數

　　如圖 **4-39**，在所有出現正面的次數當中，10 次占比最多（17％），依序為 9 次和 11 次。你可以發現越靠近極端值，出現的次數就越少，我們所採用的亂數隨機採樣方式，其結果會呈

現鐘形的常態分布。

　　現在我們已經知道，隨機擲骰一個公正硬幣，所出現的正面次數會是常態分布；接著我們來看看**圖 4–40**，摩根大通研究 1980 ～ 2020 共 40 年期間羅素 3000 美國市場股票與其指數相對應的報酬關係，也就是美國市場的股票 40 年來挑戰市場的結果。[20]

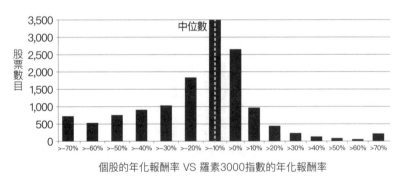

圖 4–40：美國股票相對於羅素 3000 指數之年化報酬率分布 (1980–2020)

個股的年化報酬率 VS 羅素3000指數的年化報酬率

　　>0％的數值表示股票獲得比指數還高的報酬，<0％的數值表示股票獲得比指數還低的報酬，仔細看一下這個報酬的分布圖形，其實跟常態分布很相像。

不僅如此，這張圖還有一個重點，那就是中位數是位於 -10％
左右。中位數代表的意義可說相當重大，這表示羅素 3000 指數
所包含的股票裡，**竟然有超過一半是輸給指數的**。除此之外，這
張表更透露以下幾點：

1. 如果你想透過選股獲得超額報酬，最有可能選到的
   是 -10％～ 0％區間的股票，因為它們占比最高（＝出現
   的機率最高），正代表了你最可能得到的報酬。

2. 如果你想透過選股獲得比指數還高的報酬，在過去 40 年
   間，你有**一半以上的機率**會失敗。

3. 你想選到的優異報酬股票比例超級低，你有很高的機率會
   選錯；即使認真選，也相當困難。

此外，根據美國學者針對 CRSP 資料庫中將近 27,000 檔股票
所發表的論文，在 1926 年到 2015 年的過程中，整體美國市場
的經濟增長僅靠 4％的股票就可完成，剩餘 96％的股票加起來的
報酬只相當於一個月的美國短期國債。不只如此，論文中還提及，
**有高達 58％股票的報酬比短期債券還差。如果你從中任意選一檔
股票持有，則有超過 50％的機會將遭遇虧損。**[21]

你可能會想說：那我就不要只選一檔股票，選個 10 檔、20
檔容易多了吧？但你可能不曉得，猴子隨機射飛鏢選出的股票，
可能比專業經理人的選股結果還來得優秀；因為持有數量越少、
越集中的選股投資方式，帶來的預期報酬將遠離大盤的結果。這
點可以從 Vanguard 研究報告證實，他們透過隨機取得 1987 ～
2017 之間不同數目的股票，計算勝出大盤的預期報酬變化，發
現隨機持有的股票數量在 200 以下，預期的報酬都是輸給市場
的。**尤其集中在單一個股的投資，預期的平均報酬落後大盤將近
10%**，差距令人震撼（**圖 4–41**）。[22]

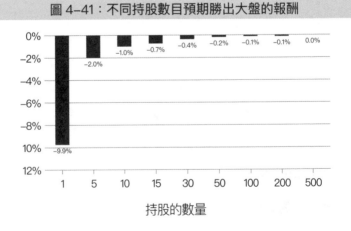

圖 4–41：不同持股數目預期勝出大盤的報酬

　　根據以上的綜合分析，現在你知道了選股基本上就是穩賠不賺的高風險投資，因為絕大部分的股票報酬皆不及大盤指數。你不一定可以選到擁有高額報酬的股票，因為運氣是無法控制的；但只要透過指數化投資買下整體市場，你就可以輕鬆擁有高額報酬的股票。

分散投資，立於不敗之地

　　這就要從我們一開始的問題談起：

　　如果有個擲硬幣的遊戲，每次玩都需要付入場費，正面獲得入場費兩倍金額，反面則沒有獎勵；而現在你有 1,000 元，你會選擇一次下注 1,000 元，還是會用 100 元玩 10 次？

　　如果你使用期望值來計算報酬，你會發現兩種玩法結果都相同；但這兩種玩法真正的差異，正是集中選股所帶來的問題所在──那就是風險承擔的不同。

　　當你選擇一次下注，就代表著從茫茫股海中選出一支股票投注，根據過去歷史的數據呈現常態分布的狀態，最有可能握在我們手裡的會是輸給大盤的股票。

　　反之，當你選擇玩 10 次，則表示你將從一檔的賭注擴大分成 10 檔的個股下注。這看似是從一個賠錢的股票，變成 10 個賠錢的股票；但如果可以的話，你應該要選擇分 100 次、1,000 次，甚至是 10,000 次來玩。因為在相同的遊戲中，當你下注的機會越多，將賭注散落在每一個股票上，你越可能獲得整體的平均報酬。

　　只要下注夠多次，即使你會獲得許多無法贏過大盤的股票，但也會包含一些超級亮眼的績優股。這正是為什麼市場長期下來的報酬是正的，而大多數的人卻拿不到市場報酬的原因（圖4-42）。[23]

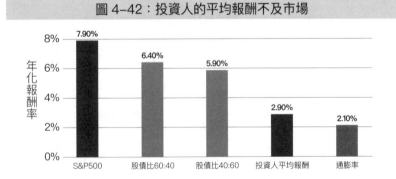

圖 4-42：投資人的平均報酬不及市場

　　將一次的賭注分散成好幾次，代表著你所承受的風險會越低，這也是為什麼你不應該下重注在幾檔個股上，盡量分散才是合適的選擇。

　　同樣的道理，我們也可以把集中投資的議題延伸至投資單一國家、單一產業或是單一區域，不管哪個情況，集中投資都會讓你承受更多的風險。過去許多擁有曇花一現績效的投資人，往往是透過集中投資來獲取超額報酬；但可惜的是，絕大部分的投資人都無法長期維持優異的績效，因為可能連他們自己都分不清楚這究竟是因為能力，還是運氣使然。

　　不過這些問題，都可以靠分散式的指數化投資迎刃而解。在電影《KANO》中，日本鐵血教練近藤兵太郎曾說過一句經典台詞：「不要想著贏，要想不能輸！」投資不能輸，這些想法完美地呈現在了指數化投資上──投資人想要從市場獲取報酬，首先就是要想著不能輸給市場；而採用指數化投資的投資者，就是讓自己取得一個不敗之地。

哪時才是「買入的好時機」？

「你現在要投資嗎？再等等吧，現在價格有點高了。」

許多投資人非常在乎買賣時機，因為每次投入的時候，投資人很容易因歷史的股價而迷惘。在上漲的牛市過程，我們會看到股價不斷攀升，認為現在買入的價格實在太貴，害怕買到之後面臨市場回調，而傾向持有現金；然而在下跌的熊市過程，我們也不太敢買入，害怕的是股價在未來會持續下跌。

其實你會發現：不管在哪種情況下，我們害怕虧損的心態，都會讓我們在應投入資金的時刻不敢下定決心。這種恐懼的心理情緒，反而會讓我們試圖去猜測市場的高低點，錯過許多可以進入市場的機會。你可能會面臨許多買入時機的困擾，我將一一說明你可能會面臨的困擾；不過它們的結論都相同——「**不要等待任何時機，有錢就投入最好**」，因為你保持在市場的時間，將會勝過市場時機（Time in the market beats timing the market.）

不用害怕創新高的買入

創新高時不敢投入，等待市場下跌的問題在於：你永遠不知道要等多久。但在相對高點買入其實並非如你想像的那麼恐怖，而且還有機會拿到更好的報酬。

台灣股市一直都有個所謂的「上萬點魔咒」，雖然現在台灣加權指數已經突破萬點好一陣子，但台灣的股民依舊對每個關鍵點位充滿恐懼。投資人總是在詢問「我還能買嗎？」對市場的相對高點感到恐懼。不過，新聞常見的台灣加權指數，雖然可以表示目前台灣市場相對的市值狀態，卻因為少了一樣東西而無法呈現台灣股市真正的走勢，那就是「股息再投入」。真正要評估台灣市場的指數，應該要使用**台灣加權報酬指數**。台灣加權報酬指數的數值早已突破三萬點，可見一般大眾媒體所傳遞的資訊，都會讓投資人接收到錯誤的訊息。這裡便要透過歷史的數據，告訴你台灣股市上萬點的投資情況。

從 2004 ～ 2019 年底，當台灣加權指數超過或等於萬點，就以當天的台灣加權報酬指數收盤指數買入，並在持有不同年份後計算正報酬的機率，如**表 4-6**。

表 4-6：上萬點買入台灣市場之正報酬機率

上萬點買入台灣市場	持有時間（年）			
	0.5	1	2	3
正報酬機率	72.57%	64.97%	100%	100%
平均報酬	102.49%	102.86%	108.36%	127.17%

　　在台股上萬點時，只要簡單買入台灣整體市場，即使持有時間不到一年，正報酬機率也有七成；而且只要持有兩年以上，**正報酬機率竟然就是 100%**，平均報酬也會隨著持有時間變長而增加──等於一定會賺錢。目前雖然沒有一個好的投資商品可以完全複製台灣加權報酬指數，但我們可以想像：如果各位讀者有投資 0050，就很可能會對破新高有所遲疑，沒有保持紀律下單投入。

　　根據我的計算，在 2008 年至 2020 年間 0050 股息再投入破新高的次數，即使是在 2020 年新冠肺炎的影響下，仍破新高將近 30 次──這比過去 13 年來平均次數 26 次還高。在 2020 年因為害怕疫情影響而不敢投入的投資人，不但會眼睜睜看著

0050 持續破新高，還會錯過整年將近 30％的報酬。至於在創高點投入的報酬，同樣可以發現：隨著持有的時間越長，正報酬的機率與報酬也是正向增長。你真的不需要害怕破新高的投入。

2020 年在新冠肺炎肆虐下，歐美的經濟與生活同樣傷害慘重；不過市場在見底之後不到半年的時間，又再度突破歷史新高，跌破眾人眼鏡。由此可知，市場總是一再打破我們的刻板印象，許多既定的想法與規律，在投資市場往往無法生效。一般人都認為在市場新高時投入，拿到的報酬會比較差；但實際上美國市場的統計結果，卻出乎我們的意料（**圖 4-43**）。

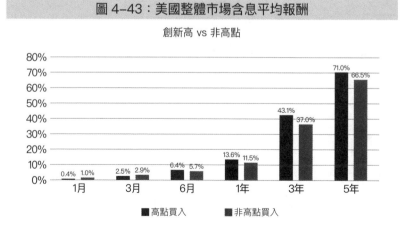

圖 4-43：美國整體市場含息平均報酬

創新高 vs 非高點

高點買入　非高點買入

	1月	3月	6月	1年	3年	5年
高點買入	0.4%	2.5%	6.4%	13.6%	43.1%	71.0%
非高點買入	1.0%	2.9%	5.7%	11.5%	37.0%	66.5%

　　儘管投資於歷史高點三個月內的績效表現遜於其他的交易時機，但如果持有時間達到半年以上，在歷史高點的績效卻會優於其他的交易日。

　　因此不管是台灣市場還是美國市場，諸多歷史績效在在告訴你：有錢就應該投入，而不是根據股價的高低點預判未來的價格走勢而放棄投入。**畢竟目前的高股價是在跟過去比，但你買入的價格則是在跟未來比。**

下跌時刻堅持買入的關鍵思維

　　要市場下跌之際像牛市一樣維持紀律買入，其實更加困難。因為這時我們想著的不外乎「還會跌得更慘」，原本沒想過要預測的投資人，往往會在此刻開始預言未來，深怕買入就是等著承受虧損。

　　在慘淡的市場，指數投資會遇上無比巨大的考驗。但能夠替你帶來投資極大益處的時刻，也正是背負虧損痛苦的此刻。如果你覺得在充滿挑戰的市場環境下，要保持紀律購入資產很困難，我將與你分享該如何轉念、將危機化為轉機，協助你在下跌的氛圍中順利堅持下去，直到達成目標。

先記住：**市場終究會回來**。選擇相信指數化投資的你我，就是相信人類不管遇到什麼困難都能化險為夷，並且再創高峰。此種越挫越勇的展現，我們可從過去長達 50 年的 MSCI 世界指數一覽無遺（**圖 4-44**），儘管過程一定會遭遇下跌的情況，但市場終究會回來，而且還會帶你去更高更遠的地方。

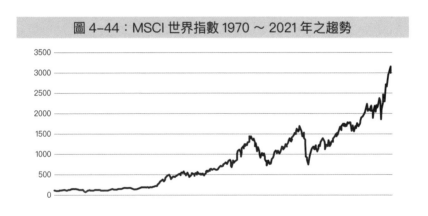

圖 4-44：MSCI 世界指數 1970 ～ 2021 年之趨勢

不只如此，背後你可能還有一點沒想到：**我們在下跌時買入的資產，在未來回到高點時，將大力回報我們。**我們擔心在下跌時候的買入會帶來虧損，但實際上，在未來回到高點的時候，這些資產將會帶給我們更多的報酬。舉個例子，當我們在市場高點下跌 5％時買入，當未來市場回到原點的時候，**我們所獲得的報**

酬會是 5.3%。簡單計算如下：

$$回到原點的幅度 = 1 / （1 — 下跌的幅度）— 1$$

藉由此公式，我們即可得知，在當前下跌的幅度，會需要多少漲幅才能回到原點，如**圖 4-45**。

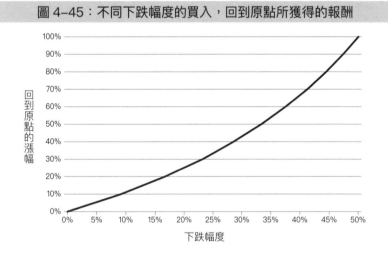

圖 4-45：不同下跌幅度的買入，回到原點所獲得的報酬

表 4-7：下跌幅度與回到原點漲幅之比較

下跌幅度	回到原點漲幅
5%	5.3%
10%	11.1%
15%	17.6%
20%	25.0%
25%	33.3%
30%	42.9%
35%	53.8%
40%	66.7%
45%	81.8%
50%	100.0%

　　這等於你投入 1,000 元，如果當前跌幅是 20％，之後回到高點時，賺取的報酬將是 25％的漲幅，相當於 250 元的收入；如果當前跌幅是 40％，回到原點能賺到的金額則有 66.7％，也就是 667 元。因此，你不需要害怕在下跌時刻買入，只要記得現在投入的每一元，終將帶給你更多的回報，你就會充滿信心，完成你的投資計劃。

　　你可能會問：那萬一買入後，市場繼續下跌呢？儘管你已知道在市場下跌買入的行為並不如想像中糟，反而還會有意外驚喜；但甚少有投資者在一買入之後，市場就立即止跌往上，畢竟抄底

（買到最低點）是一件極為困難的事情。換句話說，在無法確定市場是否會繼續下跌的情況下，即使知道未來獲得的報酬會很亮眼，投資人還是會害怕在當下投入。

要解除這種擔憂，你就必須理解，面對未知市場走勢的無力感，你並非是孤單的。我們以為其他人可以預知市場的走勢，但事實上並沒有人可以做到這件事。**記住這個事實，能讓你在徬徨恐懼的時刻減緩心中的不安。**

而且即使買入之後市場繼續下跌，那也沒有關係。畢竟市場的走勢本來就不是我們所能控制。現在你所擔心的問題已經不是未來的回報多寡，而是需要等待多久才能拿到這個報酬。市場究竟需要多久才能夠回到原點呢？比較有信心的人會認為半年到一年就會恢復，比較悲觀的人可能會猜到 3 年甚至是 5 年的時間；但無論你的想法是什麼，我們都可以透過計算市場在不同的恢復時間，得出下跌買入所獲得的年化報酬率，藉此說明一件事情：**在越悲觀情境時的購買，越能承受更長的時間恢復，而且所獲得年化報酬率也將越高。**比方現在市場已從高點下跌 20%，如果市場回到原高點，目前投入的回報未來將會有 25%的報酬；但如果市場經歷 3 年才回到原點，這筆投資的效益究竟是好是壞？

　　透過**表 4-8**，我們可得出年化報酬率為 **7.7%**——即使是不樂觀地預估三年才能回到高點，依然能獲得很優秀的賺錢效益。

表 4-8：特定跌幅購買的預期年化報酬率					
下跌幅度	回到高點的時間（年）				
	1	2	3	4	5
5%	5.3%	2.6%	1.7%	1.3%	1.0%
10%	11.1%	5.4%	3.6%	2.7%	2.1%
15%	17.6%	8.5%	5.6%	4.1%	3.3%
20%	25.0%	11.8%	7.7%	5.7%	4.6%
25%	33.3%	15.5%	10.1%	7.5%	5.9%
30%	42.9%	19.5%	12.6%	9.3%	7.4%
35%	53.8%	24.0%	15.4%	11.4%	9.0%
40%	66.7%	29.1%	18.6%	13.6%	10.8%
45%	81.8%	34.8%	22.1%	16.1%	12.7%
50%	100.0%	41.4%	26.0%	18.9%	14.9%

　　如果再以 2020 年的 Covid-19 股災為例，當時市場下跌超過 30%。假使當時你在買入時對整體投資環境非常不樂觀，心裡想著或許要等個 5 年才有機會回到高點，但其實此筆投資效益算起來將是 7.4% 的年化報酬，實際上一點也不差！

假設你選擇放棄，甚至遞延此刻的購買，那就是捨棄了在 5 年內獲得 7.4％ 年化報酬率的投資機會。當我們從這樣的思考角度來評估，我相信你會更有勇氣執行購買的行為。俗話說「良藥苦口」，在下跌最悽慘、心理最受衝擊的時刻，如果你還能維持投資步調，不慌不忙地依照紀律購入資產，那麼你所得到的賺錢效益，將會比其他時刻來得更好。

因此，不論市場的情緒為何，我們所要做的事情一直都很簡單：按照紀律買進。你無須害怕在下跌的市場中購買，**勇敢接受短期波動，歡欣接受長期報酬**——過去是如此，相信未來也是如此。

投資的最好時機就是「現在」

市場不斷創新高，表示我們相信市場不斷成長的理念得到驗證；但另一方面，面對越來越高的股價，投資人的恐懼也越來越增加。**但其實只要人類的活動力持續存在，創新高將是個必然的過程。**從現在看過往每一個創新高的價格，對我們來說都是甜美的買入時間點；即使現在的價格是相對高點，在五年後、十年後也有非常高的機率會是未來夢寐以求的低點。回頭看看過去股災

前的高點，正是在和你訴說相同的道理。

　　對一般大眾來說，在上漲的過程中比較容易因樂觀而買入，要在眾人皆不看好的金融風暴過程中堅持原本低點買入的想法，並不容易；但我還想告訴你：抓對時機投入的優勢，其實並沒有你想像得那麼巨大。

　　我們回顧 1970 ～ 2020 這 50 年之間，檢測 A、B、C 三種投資能力不同的投資者，每年投入一萬元到全世界股票市場，差異只在於投入時機不同，他們的報酬會有多大落差呢（**圖 4-46**）？

　　● A：完美預測高低點，每次都買在當年最低點

　　● B：完全不預測，固定在每年第一個交易日投入資金

　　● C：最衰的那種，每次都買在當年的最高點

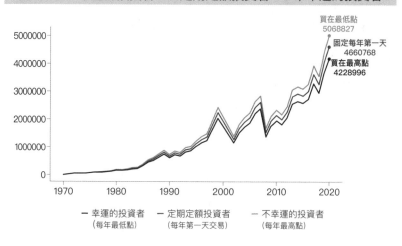

圖 4-46：幸運的投資者 VS 定期定額投資者 VS 不幸運的投資者

買在最低點
5068827
固定每年第一天
4660768
買在最高點
4228996

— 幸運的投資者 　— 定期定額投資者 　— 不幸運的投資者
（每年最低點） 　（每年第一天交易） 　（每年最高點）

表 4-9：幸運的投資者 VS 定期定額投資者 VS
不幸運的投資者之年化報酬率

成本區間	買在每年最低點	固定時間買	買在每年最高點
累積金額	5,068,827	4,660,786	4,228,996
年化報酬率	7.3%	7.0%	6.8%

由**表 4-9** 可看出，最差的跟最好的投資所帶來的年化報酬率

差異，僅有 0.5％。但我想你並不會運氣差到每次都正好買在最

高點，而且事實上，根本沒有人可以每年都恰好投入在最好的時

機點。簡單的定期投入方式，才是每個人都能實現的投資策略，還能讓你獲得不簡單的報酬。

　　害怕在相對高點買入，或試圖在低點投入，甚至想要擇時進出的交易方式，其實就是人性恐懼所帶來的錯誤決策。一旦你克服投資所面臨的人性弱點，市場就會帶給你意想不到的驚喜。不去選擇投入的時機，看似是個違反常理的行為，但我們能做的就是讓資金儘量早日進到一條夠長的雪道滾動。世界上沒有人能預測短期的股價變化，但就長期來看，市場蒸蒸日上是不爭的事實，能夠趁早讓資金參與市場，就是我們選擇投資時機的最大思考原則。投資不用挑選良辰吉時，「現在」就是最好的時機。

我該一次投入整筆資金嗎？

　　在你的一生中，可能會有數次獲得一大筆資金的機會，有可能是年終獎金、遺產、保險理賠，甚至有可能是中樂透。

　　而最普遍的狀況是：一位沒有投資經驗的新手，在擁有一筆資金、準備開始投資之際，往往不知道自己該採取一次性「單筆投入」，還是「分批買進」的策略。

我記得很清楚，2016 那年是我第一次準備下單的時間點。當時我有一筆現金，美國市場剛突破新高，而 VTI 的價位大概是110 左右；歐洲市場跟新興市場距離高點下跌了不少，長期公債則是來到新高。那時候看著這些市場的狀況，我心想美股剛突破新高，年底又有總統大選，價位好像有點太高，就等它跌下來再買一點吧；而面對歐洲跟新興市場，我則是覺得目前趨勢是下跌的，或許等它止跌一點再買。基於以上的想法，我當時並沒有選擇單筆投入，因為我害怕買了就下跌。最終我規劃用一年的時間，將資金陸續投入到市場中。

回頭看我當時所下的決策，是靠價格高低來判斷該單筆投入還是分批買入，背後所隱含的意義，是我正嘗試預測股價未來的走勢。但當時的我並不曉得，高點可以持續破新高，低點也可能即刻反彈，市場終究會邁向新的境界。

因此，如果你手上正好累積了一筆資金，對於這兩種的投入方式，我想從數據面的角度告訴你：**單筆投入會是比較好的選擇。**

● 歷史數據顯示，單筆投入擁有較佳的投資績效

● 分批買進可以降低風險，但所承受的機會成本很昂貴

● 分批買進將造成計劃中的資產配置暫時性的偏移

單筆投入帶來較佳報酬

　　想知道單筆投入與定期定額的過去報酬差異，我們可從美國、英國以及澳洲這三個國家執行這兩種投資策略進行比較。報酬回測所採用的資產配置組合是 60：40 的股債組合，分批買入的時間間隔設置為 1 年，並在投入完之後比較當下兩者的價值，如**表 4-10**。[24]

表 4-10：單筆投入勝出分批投進的機率與幅度

	美國	英國	澳洲
回測時間	1926–2015	1976–2015	1984–2015
單筆投入勝出	68%	70%	68%
分批買進勝出	32%	30%	32%
平均勝出報酬	2.39%	2.03%	1.45%

　　選擇一次性單筆投入，在過去歷史上會有**高達將近 70% 的機率獲得優於分批投入的報酬**。這樣的結果其實一點也不意外，因為如果選擇分批投入，就代表你將持有現金。不將現金投入，而是選擇站在場邊等待入場的話，就市場歷史來說，現金的報酬將完全無法與債券甚至股票抗衡。而且，如果分批投入的時間越久，

所帶來的報酬就會越差。例如將分批時間設置為 6 個月，則單筆勝出的機率是 64％；但如果將分批時間拉長到 3 年（36 個月），單筆投入勝出的機率將高達 92％。**也就是說：分批投入的時間越長，勝出的機率越低。**

那不同股債配置比例會影響單筆投入勝出的結果嗎？假設我們改變原本 60：40 的股債配置比例重新做回測，也會發現：不管是什麼樣的資產配置，單筆投入都將勝出，如**表 4-11**。**25**

表 4-11：不同資產配置下之單筆投入勝出機率

資產配置	美國		英國		澳洲	
	單筆投入勝出	分批買入勝出	單筆投入勝出	分批買入勝出	單筆投入勝出	分批買入勝出
100%股票	67%	33%	70%	30%	65%	35%
50%股票 + 50%債券	68%	32%	70%	30%	69%	31%
100%債券	65%	35%	63%	37%	62%	38%

分批買進情況下，將遺憾最小化

在前一個部分，實驗數據清楚顯示了在大部分的情況下，**單筆投入通常能帶來比分批投入更好的報酬**；不過對於選擇分批投

入的投資者來說，他們擔心的是天秤的另一邊會發生較糟的情況，所以傾向藉由多次購買，讓自己有更多機會不錯過那三成市場下跌的機率。雖然分批投入確實可以降低波動風險，但這個決定值得嗎？或是下跌時分批投入所獲得的額外報酬會比較多嗎？如果我們將第一步所帶來的報酬結果由低到高分成 10 等分來比較，則如**圖 4-47**。

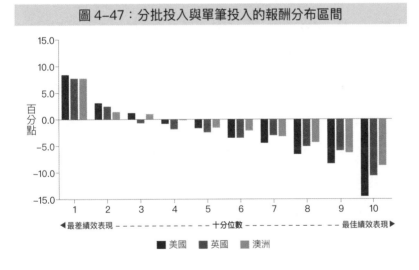

圖 4-47：分批投入與單筆投入的報酬分布區間

在分批投入帶來最好 10％的績效中（最左邊），位於不同國家勝出單筆投入的報酬分別為：美國 8.3％、英國 7.7％、澳洲

7.8%。

從圖表中可以看見，在報酬前 30% 的狀況中（X 軸的 1～3），分批投入帶來相較單筆投入的優勢，正是下跌的市場帶給分批買進的優渥報酬，也是選擇分批投入的投資人所期盼的結果。他們不想錯過下跌的市場所能帶來的低成本買入機會。

但為了不錯過這個低成本買入機會，帶來的代價可是相當高昂。除了那 30% 分批買進有優勢的情況外，有高達 70% 的情況選擇單筆投入的報酬較優；而且在單筆投入勝出最大分批買進的平均報酬中，美國市場更帶來高達 15% 的差異。

也就是說，保留現金分批買進雖然可以在 30% 的時間內帶來優於單筆投入的報酬；但投資人為了要免除立即投入的恐懼，迫使自己站在勝出機率較小的 30% 那方，報酬優勢也會變低。

整體而言，為了不想讓自己免於未能在低點投入的遺憾，背後所要付出的機會成本實在是太高了。再重新來過一次的話，你還會選擇分批買進嗎？我想我應該不會。

分批買進對資產配置的影響

雖然不管是哪種投資策略，最終資產配置結果都相同；但相

較於單筆投入，在選擇分批投入的過程中，**呈現的資產配置都將不斷變動**。這正是許多選擇分批投入的投資人沒注意到的地方。這個動態的配置結果，將比投資者原先所計劃的配置顯得**更加保守**，因為分批投入表示擁有現金在場邊，整體的非股票比例將會上升，整體的預期報酬將會下降。

這樣對於兩種投資者來說尤為明顯：

● 選擇長時間的分批投入（例如：分 5 年、10 年投入）

● 擁有大筆現金 （例如：原本資產只有 10 萬，但意外獲得
　現金 100 萬）

假設投資人預先要配置一個 60：40 的股債組合，當他決定要在一年內分四次分批投入，初始資產配置為股：債：現金＝30：20：50。接著在 3 個月後的第一次投入，股：債：現金變成 37.5：25：37.5；再過 3 個月後，股：債：現金變成 45.5：30：25。直到最後一次投入完成，比例才會真正變成他原先預計的 60：40 組合。

原本預期股票占據的比例是 60％，但卻會因為有一筆現金遲遲未投入，導致股票在初期整體配置下只占了 30％，接著才會隨著分批投入慢慢上升至 60％。**26**

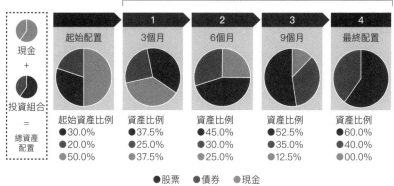

圖 4-48：分批買進帶來的資產配置變化

每季分批投入

起始配置	1 3個月	2 6個月	3 9個月	4 最終配置
起始資產比例	資產比例	資產比例	資產比例	資產比例
●30.0%	●37.5%	●45.0%	●52.5%	●60.0%
●20.0%	●25.0%	●30.0%	●35.0%	●40.0%
●50.0%	●37.5%	●25.0%	●12.5%	●00.0%

現金
＋
投資組合
＝
總資產
配置

●股票　●債券　●現金

　　如圖 **4-48** 所示，分批投入的過程會把原本的資產配置組合
改造成**較保守**的投資組合，帶來的壞處大於好處，因為保守的投
資組合只有在市場下跌時會有更好的效益。儘管下跌的幅度會比
較小，而且還可以用現金買入較便宜的股價；但根據我們在前一
步的實驗結果，分批投入勝出時期所帶來的額外報酬並不多，發
生的機率也低。而且還有一個重點是：**投資人未必敢在下跌的市
場中堅守計劃持續投入，這才是最大的變數。**從現在回推的每個
絕望點都是買點，但在當下真的有勇氣買入資產的人可說是少之
又少。

再者，以市場過去長期的歷史來說，上漲的機率比下跌還多，選擇分批投入將在過程中造成較保守的組合，勢必會帶來較差的預期報酬結果。所以，還是讓你的現金動起來，而不要只是待在場邊吧。

讓每一分資金，都參與市場成長

我最常聽到投資人的疑慮，就是擁有一筆現金的人，常會在單筆投入與分批買進之間猶豫不決。一方面是基於對報酬的期待，另一方面則是心理層面害怕受傷害，就怕自己買貴了。

但過去的回測數據以及我個人的投資經驗顯示：單筆投入所帶來的報酬往往是優於分批投入。如果股票與債券在未來也一樣可以帶來比現金更高的風險溢價，那未來的結果肯定與過去相去不遠。

如果你依然對於立即性的投入感到遲疑與恐懼，那也沒有關係，因為投資不只是冷冰冰的數字，也包含了人性的感受在。但我想要提醒你一件事情：你要儘可能在一定時間內將資金分批投入，不論是單筆投入還是分批買進，兩種方法都是合理的投入方

式。**你千萬不要根據價格因素決定是否投入**，例如下跌 5％才買入、下跌 10％再加碼買入，或是倒金字塔、三角形買法等等。這類方式皆是屬於擇時進出、預測股價，假使預期的價格等不到呢？那你的現金可能又會持續在場邊拖累績效了。

因此，一旦你決定採用分批買進，就必須制定好投入的規矩並且徹底執行，千萬不要因為市況而改變既有的投入計劃，**分批投入的時間也請不要超過一年**。因為一旦時間拉得過長，現金所帶來的拖累績效影響將會變得更加巨大。

相信你已經很清楚：最好的投資時機，就是盡可能地讓每一分資金都參與市場的成長，讓你的資產隨著時間逐漸壯大。

最好的行為，就是保持紀律前行

> 「投資不是在別人的遊戲中擊敗別人，而是在你自己的遊戲
> 中控制自己。」
>
> ——班傑明・葛拉漢

就在不久前，我和兩位投資朋友交流彼此的投資歷程。阿達說他目前的投資報酬率是 30％，而阿霖的投資報酬率則是 18％，聽起來報酬都很不錯；他們兩位也是採用指數化投資的方式，建構投資全世界的股債組合。

但為什麼他們的投資報酬率差這麼多呢？是因為投資的時間長度不一樣嗎？不，他們的投資的時間是相等的。是因為投資的標的不一樣嗎？不，他們的投資內容也很相似。

這聽起來似乎很不可思議，同樣採用指數化投資的方式取得市場報酬，在其他條件相似的情況下，不應該有如此大的報酬差異。讓我告訴你答案：造成此種現象的原因，就是**持續投入**。

　　阿達在當初投入第一次之後，就再也沒有投入；阿霖則是不斷投入新資金，累積資產。截止目前為止，阿達當初投入的 20 萬成長了 30%，變成了 26 萬；阿霖除了當初投入的 20 萬，加上每年持續的投入 20 萬，共成長了 18%，變成 71 萬。

　　儘管對於阿達來說，他投資賺了 30%，但由於他的本金僅有 20 萬，實際上只有 6 萬的增長；而反觀阿霖，雖然就報酬率只有 18%，但由於累積的本金高達 60 萬，實際上的報酬則有 11 萬的增長。

　　這就是我想特別提到的、在投資中非常重要的關鍵：**本金的大小很重要**，本小利大利不大，本大利小利不小。而本金正需要靠持續投入來累積。投資金額的多寡，深深的影響你實際的損益。如果投入的資金只有一萬元，即使報酬率 100%，也僅僅只是賺到了一萬元；如果投入的金額是 100 萬元，光是多了 1%、2%，所獲得的報酬就能超過一萬元。

　　我看過許多投資者只投入一次之後就沒有再投入，或是在擬定好投資計劃後中途遇到麻煩，而不小心中斷了持續投入的規劃。要實實在在地享受複利的報酬，本金大小對於即刻的資產變化差益將會非常顯著。除非你已抵達財務終點或累積了相當的本金，

否則一定需要持續投入，讓小雪球滾成大雪球，才能夠讓你更快
完成目標。

　　為了在弱肉強食的環境下生存，我們的祖先預測求生的本能，
已經深深植入我們的基因之中。一旦感應到危險的訊號，我們便
會試圖預測，或是做些事情來保護自己。在大部分的情境之下，
這種機制運作得非常完美；不過在投資市場中，這種本能就成了
阻礙投資人的絆腳石。

　　在行為這個章節，我想讓你理解的道理其實很簡單，就是**放
棄預測，保持紀律前行**。但要像機器人般不帶情緒地按照紀律投
入，這樣的行為其實非常違反人性，所以我才透過不同角度的分
析加上個人經驗，來協助你始終保持在市場之內。我也想讓你知
道：即使是平凡的固定投入，也能獲得不平凡的報酬。我們唯一
要面對的挑戰，不是價格的漲跌與否，而是自己的人性。

　　我相信你絕對沒有問題，因為我已將自己所掌握的方法悉數
教給你，相信你一定可以順利保持紀律，朝著自己的財務目標筆
直前行。

4-6 如何看待運氣，決定你的成果

到目前為止，本書已經交付給你投資人在投資過程中能控制的四大關鍵：成本、時間、風險與行為。如果能好好掌握這四大因子，相信你會比絕大多數投資人有更高機率完成財務目標。不過對於投資，有個部分我們非但不能控制，卻又會深深影響我們投資的結果——有人將此稱為報酬，我則稱為「運氣」。

接受市場帶給我們的報酬

讓我們先來看看約翰和傑克的故事：

1960 年代，約翰當年 30 歲。他向一位華爾街的超級績效經理人拜師學藝，將辛苦工作累積的一筆資金放到金融市場錢滾錢。約翰沒有跟錯人，在後來 20 年期間，他每年的報酬都勝出市場大盤，高達 5％，人人稱他股神。到了 1980 年代，有位叫做傑克的年輕人想要仿照約翰的模式，也找了一位華爾街響叮噹的經理人拜師學藝，努力學習投資技巧。然而，在後來的 20 年他就

不像約翰那麼幸運了。傑克的績效每年都輸給市場 5％，是一位很不及格的主動投資者。

看完這個故事，你或許還不清楚，這與我們所要談的運氣有什麼關係。這個故事的關鍵點在於，同樣都是 20 年時間，約翰每年都勝出市場 5％，傑克則是每年都落後市場 5％的報酬。你可能會覺得約翰實在太厲害，要能持續 20 年勝出大盤並不容易，他一定可以靠這樣的績效賺到很多錢。但問題就在這：儘管約翰的表現已經超級優秀，市場在這 20 年的年化報酬率卻僅僅只有 1.9％。即使約翰擁有每年勝出高達 5％的績效，實際拿到的獲利也稱不上亮眼；相反地，雖然傑克的績效年年都不及大盤 5％，但實際投資的結果並非如我們想像不堪，因為市場在這 20 年繳出的年化報酬率高達 13％（**表 4–12**）這讓傑克即使每年都落後市場，績效卻還是優於約翰。

表 4-12：美國市場不同 20 年時期的年化報酬率

	1960 ～ 1980	1980 ～ 2000
年化報酬率	1.9%	13%

　　超額報酬並非不存在，但是我們不難想像，約翰在過程中肯定得花上許多時間與心力，才能長年擁有驚人的超額報酬；只是最終的實際報酬，卻令人大失所望。投資不需要賠了夫人又折兵，明智的投資人，必須理解市場帶來報酬乃是我們不能控制的部分，不需耗時費力地追逐，只要簡單擁抱市場，就能帶來卓越的結果。

　　即使同樣投入全球市場，在過往 1987 ～ 2020 時間，相同的 20 年持有歷程，會因為不同的起始年份，造成報酬的差異顯著；最差的 20 年僅有 2.54％的年化報酬率，相較於最好的年化報酬率 7.22％，是天壤之別。這就是運氣帶來的差異。

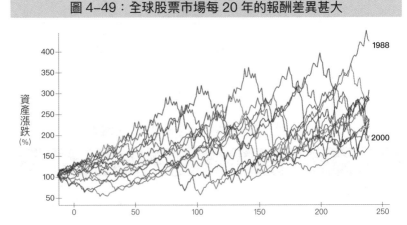

圖 4-49：全球股票市場每 20 年的報酬差異甚大

資料來源：MSCI ACWI 指數／數據整理：YP

報酬端看市場的臉色，但以長期投資的角度來看，我們依然可以從中獲取報酬，當下唯一要做的事情就是儘可能讓資金早日進到市場，而不是專注於在追逐超額報酬。因為運氣所帶來的報酬影響，並非我們能控制；而即使未來 20 年間的年化報酬率有 8％，投資還是必然受到運氣影響。以下將為你說明要在運氣這個不確定的因素下，達成財務目標該注意的事項。

知道未來的報酬還不夠

你能在未來拿到多少報酬，可能要看運氣願意賞我們多少飯吃；但運氣所帶來的影響，不單單是報酬的多寡而已。事實上，即使我們有未來的報酬預知能力，仍然沒有辦法只靠年化報酬率透視一切的變化與結果。試著想一想這個問題：

「有一位來自未來的小天使，告訴我們有兩樣在未來 20 年年化報酬率為 8％的投資產品，現在你必須選擇一樣完整投資 20 年，你會如何選擇？」

你或許會下意識認為，在一樣的年化報酬率底下，兩種商品的報酬應該沒有什麼差異；但你可能不知道，儘管這兩種商品擁

有相同的年化報酬，也不表示投資人的累積資產會相同。這問題的背後其實還默默地藏了運氣。帶來影響的關鍵就在於「**報酬順序風險**」。

報酬順序風險

從報酬順序風險（Sequence of Return Risk）的名稱，我們大概可以猜到這跟報酬的順序有關係，以下的例子為你說明不同的報酬順序，為何會帶來極大的報酬差異。

首先，假設有個投資商品的年化報酬率為 9.08%，相當於其原本價值 100 元，經過 5 年之後會變成 154.44 元。不過現在有 3 種不同的年報酬序列，分別如下

● A：+30%、+20%、+10%、+0%、-10%

● B：-10%、+0%、+10%、+20%、+30%

● C：+9.08、+9.08%、+9.08%、+9.08%、+9.08%

A 屬於先漲後跌、B 屬於先跌後漲，C 是我們對於市場的刻板印象，呈現如**圖 4-50**。

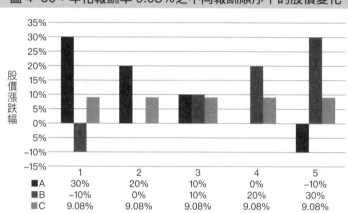

圖 4-50：年化報酬率 9.08%之不同報酬順序下的股價變化

	1	2	3	4	5
■A	30%	20%	10%	0%	−10%
■B	−10%	0%	10%	20%	30%
■C	9.08%	9.08%	9.08%	9.08%	9.08%

　　A 與 B 的報酬順序雖然不同，但都是由相同的 5 種報酬組合而成。在計算年化報酬率時是將每個報酬相乘，先後順序不影響最終計算結果，例如 1×2×3 = 3×2×1 = 2×1×3，不管是採用哪種順序，答案都等於 6。

　　因此，我們可以確認 A、B 與 C 都擁有相同的年化報酬率，儘管中間每年報酬不同。接下來我要告訴你，我們在累積資產的階段是如何受到報酬順序影響。

累積資產階段

大部分投資者都處於累積資產階段，我們在這個階段不斷買入資產累積財富，甚少有人只買了一次就再也沒有投入。但除了只投入一次的投資人之外，沒有任何人會在累積資產的階段完全不受報酬順序風險影響。

假設我們一開始就投入 100 萬到這三項產品，則經過五年後，不管是哪一個產品都會讓我們得到 154 萬。這說明不同的年報酬順序，對於投入一次的投資者並沒有任何影響，如**圖 4-51**。

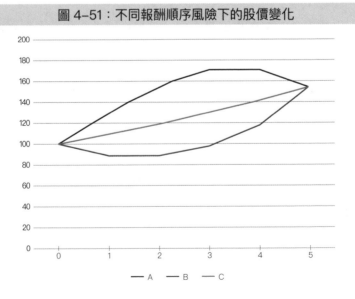

圖 4-51：不同報酬順序風險下的股價變化

— A　— B　— C

但在現實中，幾乎不存在一生中只單純買入一次就達成財務
目標的人。反過來說，大部分的投資者，不管是每月投入還是每
年投入，都是透過持續買進累積資產。在這樣的前提下，報酬順
序風險就會帶來關鍵性的影響。。

圖 4-52 模擬我們分別在每年初投入 1,000 元至 ABC 三種商
品，顯示的是不同年度所累積的資產金額。

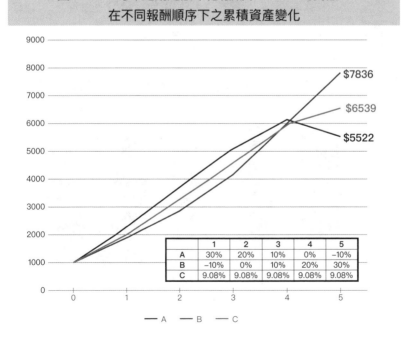

圖 4-52：每年定期定額年化報酬率 9.08% 的商品，
在不同報酬順序下之累積資產變化

	1	2	3	4	5
A	30%	20%	10%	0%	−10%
B	−10%	0%	10%	20%	30%
C	9.08%	9.08%	9.08%	9.08%	9.08%

— A — B — C

　　最後資產大小會是：B > C > A。持續投入的投資者即使投入 3 者年化報酬率相同的產品，最後累積的資產卻有高有低，這之中有一個非常重要的關鍵，那就是**累積的資產單位**，如**圖 4-53**。

累積的資產單位

　　想要用同樣的金額買入較多資產單位，只在股價下跌時才能實現。同樣的 100 元，在價格 $100 時只能買 1 股；但如果價格下跌至 $50，就能買到 2 個單位。也就是說股價下跌時，可以讓我們趁打折便宜的時候購入更多資產單位。

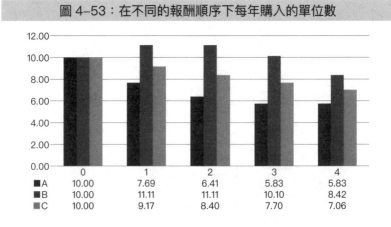

圖 4-53：在不同的報酬順序下每年購入的單位數

	0	1	2	3	4
■A	10.00	7.69	6.41	5.83	5.83
■B	10.00	11.11	11.11	10.10	8.42
■C	10.00	9.17	8.40	7.70	7.06

累積的資產單位：B > C > A。由於這 3 個投資商品的賣出價格相同，所以**誰擁有的資產單位多，誰累積的金額就會最多**。

三者的報酬順序不同，**表示每年股價不同，也代表能累積的資產單位會有所差異**，這就是報酬順序帶來的影響關鍵所在（圖 4-54）。

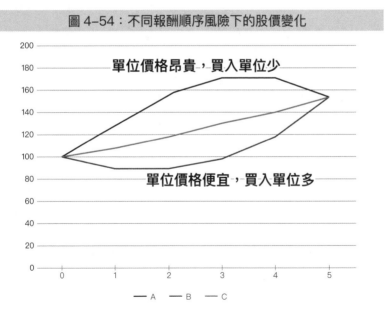

圖 4-54：不同報酬順序風險下的股價變化

勇敢面對運氣帶來的風險

　　在上一節中，已經說明運氣所帶來的報酬順序風險，對於累積資產階段的投資人有著不盡相同的影響。長期投資短則 5 到 10 年，長一點的則是 30 年以上，每年市場的價格變化漲跌互見。相信市場會持續向上的投資人如果想擁有更多的獲利，就得儘可能累積資產單位。從前面的圖表中可看出，對我們最有利的報酬順序，就是猶如倒吃甘蔗的先跌後漲。

　　期望在投資初期碰到下跌，原因除了你還擁有許多時間讓資產複利成長，也因為初期的資產才剛建立，尚有許多未投入的資金不會受到下跌影響，所以並不會對整體投資計劃造成太大傷害。但遺憾的是，多數投資人一旦碰到市場的下跌就會感到恐慌，甚至不堪虧損想要賣出離開市場。但我們必須謹記：**面對市場下跌時，我們應該要樂觀地勇於買入便宜的單位價格，設法讓自己累積多一點的單位數。**因為比起關注未來的價格，你手中握有的資產單位才是真正需要意識的存在。

　　此外，如果在退休前幾年市場迎來一場股災，此時的大跌對於資產的殺傷力將會特別強烈；為了降低較不利的報酬順序所帶

來的影響，便需要降低風險減少資產價格的波動：也就是說，越接近財務終點的時間點，越需要將資產調配成較低波動的配置，例如加大低風險資產（例如債券）的比例、降低高風險資產（股票）配置，這也呼應我們先前對於股債比的建議，為的就是降低報酬順序風險所帶來的影響。

運氣無法決定，但市場報酬不會虧待你

運氣就是一個無法掌控的存在，但許多人仍會花費大把時間，試圖改變自身投資報酬的結果。不過指數化投資者心裡很明白：我們沒辦法控制由運氣決定的報酬，更沒辦法改變它；所以我們並不需要花任何心力研究哪支股票比較賺錢，更不會去預測未來的市場走勢、試圖獲取更好的績效；取而代之的是，我們要採取最有效率的方式，選擇放棄預測、全盤接受市場帶來的報酬，這才是指數化投資者最重要的信念。儘管你已知道運氣或多或少都會影響我們的投資歷程，但只要能確實掌握自己能控制的因素，還是能讓自己預期的報酬入袋。因為我們很清楚：市場報酬不但不會虧待我們，還會帶我們抵達財務終點。

寫在第 5 章之前

指數化投資的關鍵建築在成本、風險、時間與行為之上，對於運氣所帶來的報酬沒有過多著墨。如果你對這種將報酬放一邊的投資方式仍有顧慮，我們不妨看看，實際上把握這四點的投資人，在放任市場隨意發揮的報酬結果之下，每年 5 分鐘的指數化投資到底有沒有虧待他們。

台灣市場

以 0050 為例，從 2004 年開始，採取每月定期定額的方式，不論股價高低點，不論市場的情緒，所獲得的年化報酬率如**表 4-13**。

表 4-13：從 2004 年起每月定期定額投資 0050

投資時間	總報酬率	年化報酬率
2004 ～ 2020	218.61%	7.05%
2005 ～ 2020	203.95%	7.19%
2006 ～ 2020	190.45%	7.36%
2007 ～ 2020	179.77%	7.62%
2008 ～ 2020	173.39%	8.04%
2009 ～ 2020	162.54%	8.38%
2010 ～ 2020	142.69%	8.39%
2011 ～ 2020	131.59%	8.76%

資料來源：MoneyDJ 理財網

採用 0050 投資台灣市場，在過去十年以上的投資歷程，年化報酬率約為 7％～ 9％，績效驚人。根據 72 法則，只要 8 ～ 10 年就能讓資產翻倍。

全世界市場

以 VT 為例，由於 VT 成立的時間比較晚，所以從 2009 採取每月定期定額的方式，不論股價高低點、不論市場的情緒，所獲得的年化報酬率和標準差如**表 4-14**。

表 4-14：從 2009 年起每月定期定額投資 VT

投資時間	年化報酬率	標準差
2009 ~ 2020	10.91%	16.27%
2010 ~ 2020	10.76%	15.08%
2011 ~ 2020	10.92%	14.33%
2012 ~ 2020	11.25%	13.72%
2013 ~ 2020	11.33%	13.81%
2014 ~ 2020	11.79%	14.31%

資料來源：www.portfoliovisualizer.com

一位相信全世界經濟會持續不斷成長的投資人，在過去採用簡單的定期投入方式，年化報酬率就高達 10%以上，幾乎是 7 年內就能讓資產翻倍。我們也可以從 VT 在過去 10 年的年度報酬，得知這段時間的投資人從市場獲得的回饋，如**表 4-15**。

表 4-15：VT 在過去 10 年的年度報酬

年度	VT
2011	−7.55%
2012	17.29%
2013	22.81%
2014	3.66%
2015	−1.79%
2016	8.47%
2017	24.49%
2018	−9.79%
2019	26.93%
2020	16.65%

　　總歸來說，在過去 10 年，市場帶給投資人的報酬很亮眼。不論是台灣市場、美國市場以及全球市場，無疑是個大牛市的歷程；然而在這之中，也不乏多次的金融危機，甚至是 2020 年 COVID-19 這種全球性的股災。投資人雖然幸運地沒有遭受太長的折騰時間，但未來的下跌依然隨時都有可能發生，可能在今年、可能在明年，也可能在十年之後，下跌的幅度有可能更大，市場

的情緒也會更加悲觀。儘管如此，你不能忘記，長期的市場與你玩的是一場期望值為正的遊戲。只要掌握 4 項指數化投資人的關鍵因子，你就能勇敢的面對挑戰，迎向財務終點。

展望未來，我們雖然無法準確預測報酬；但我認為，只要人類對於突破現狀的意念沒有消失，可以想像在追求一個更加便利與舒適未來的前提下，透過各領域專家的發光發熱與商業行為帶來的經濟增長，將會持續帶領人類邁向新的境界。

第 4 章重點複習

　　大部分的投資人，往往投注於過多的心力，想方設法掌握無法控制的運氣（報酬），卻鮮少花心思在其他四項我認為所能控制的事情上，不過我完全能理解這樣的行為，因為初入投資領域的我也是如此。一開始我的眼中只有追求報酬兩字，並不了解什麼才是真正影響長期投資的關鍵；然而一再追求自以為可以掌握的報酬，代價就是花了時間又虧損。請記住：一旦踏上錯誤的投資道路，最可能的結果就是離財務目標越來越遠，這將會非常可惜。

　　不過，現在你已具備明智投資人的所有條件，請務必要掌握自身能決定的事物。

● **掌握成本**，你能確保與市場報酬的距離，獲得優於大部分人的報酬結果，加速抵達財務終點的時間。

● **掌握風險**，你能透過配置承受想要面對的不確定性，預先做好對於未來市場帶來的任何挑戰。

● **掌握時間**，你能提高獲利的機率，減少看見虧損的可能，擁有愉快的心情伴隨著資產成長。

● **掌握行為**，你能確保自己不因外在的誘惑而迷失方向，堅守紀律踏上正確的航道向目標前進。

● **至於運氣**，請保持樂觀看待的心態，指數化投資理念的支柱，並非是少數的你我，而是擁有全世界的人類共同撐腰，每一位在社會努力奉獻的人們，都是我們最強而有力的後盾。

因此，只要掌握前四項關鍵，以及抱持一顆對於未來充滿期待的心，相信在主動享受生活的過程中，你的財務目標就能默默地靠著被動指數投資完成！

第 **5** 章

小資族的
指數化投資攻略

　　在前面幾章中，我們一路從投資前你該了解的那些事情，儲蓄、緊急備用金、保險，講到指數化投資的理念、原則與背後的運作原理；但要從零開始白手起家，到底要如何踏出實際執行的第一步呢？

　　我忘記了告訴你一件事情，那就是投資的開戶。

　　自從成為指數化投資者之後，我陸續向許多朋友推廣此種投資方法。不少朋友聽完後對未來充滿信心，但其中有一部分人卻遲遲沒有開始執行，我好奇地詢問他們是什麼原因沒辦法開始，結果聽到的最多回答是：「開戶好像有點麻煩，我有點懶得開。」

　　沒錯，就是開戶這項看似最簡單的步驟，卻被很多人視為投資中最難起步的坎；但一旦你跨過後，就將會開啟另一片天。

　　因此，下面我將就實際執行的層面，針對於不同的投資市場，從開戶告訴你該如何踏出指數化投資的第一步，接著講述如何規劃專屬於你的投資內容，實際進入指數化投資，協助各位小資族更順利抵達人生的投資目標。

5-1 指數化投資第一步：開戶

　　假如你要從台灣市場開始執行指數化投資，標的的選擇如同前述，較合適的 ETF 為追蹤台灣 50 指數的 0050 與 006208；債券的部分則可以採用定存或是高利活存的方式來做為替代方案，建立你的資產配置。

　　投資台灣市場的難易程度相對於投資海外市場容易一點，你只要開立一家證券戶以及該證券商配合的交割銀行戶即可。大部分的國內知名券商都支援線上開戶，只要花幾分鐘時間申請，你就可以輕易投資台灣市場。

　　有些投資新手可能光聽到「交割銀行戶」與「證券戶」就搞不清楚，交割銀行戶代表買股票的專用帳戶（扣款專戶），證券戶則是記錄你擁有那些股票。

　　台灣市場交易買賣的流程，有個特別的流程叫做「交割程序」，還有一個關鍵數字叫做「T+2」。讓我們透過一檔交易的買賣流程帶你理解交割的運作：

　　如果你打算在今日買入某檔股票，無論你的交割戶頭裡面有沒有足夠資金，都可以完成交易股票的動作；換句話說，如果在今日順利成交股票，雖然會有成交紀錄，但其實你尚未付款。真正的付款期限，最晚會在股票成交日過兩天的早上 10 點前才會從交割戶扣款，成功交易的股票則會被記錄進證券戶之中。

股票交割日 = 股票成交日 + 2 天

　　這裡值得留意的一點是：因為股票交割就像是「先上車後補票」，如果投資人在成交後，如果一不小心沒發現交割戶頭資金不足，導致交割程序無法完成，這時就會形成所謂的「**違約交割**」。一旦發生違約交割，不但得背負民事責任需繳納違約金之外；如果事態重大，更有可能涉入刑事責任，千萬得特別小心。

　　為了避免發生違約交割的事件，你一定要在下單前先檢查交割帳戶是否擁有足夠資金，發現不足就匯入資金補齊；或在一開始就別把你平常會用到的帳戶拿來當作交割帳戶，以確保股票的交易能夠順利完成。

5-2 小資族如何投資台灣市場

　　由於台灣過去交易股票的單位是「張」，一張股票等於 1,000 股，如果要購入一檔股價 50 元的股票，就需要準備 5 萬元資金，對於小資族是個沉重的負擔。但幸好現在已經開放零股交易，不用一次買賣 1,000 股，而是可以一股一股的買；而且不論是盤中或是盤後，都能使用零股投資，讓投資門檻降低不少。

　　而比起不定期下單買零股，我更推薦的投資方式就是**定期定額零股投資**。現在有許多券商都支援這項服務，我目前開立的三家國內券商：富邦、國泰以及元富，都支援每個月最低 1000 元的定期定額 ETF 服務，手續費也僅需要 1 元（**表 5-1**）。我們只需要在薪轉戶設定自動轉帳，在每日的發薪日後將定期定額的資金轉到交割戶，就可以每個月不間斷地投資台灣市場。不只如此，由於你只要每年設定一次，在該年中的任何交易，你都能避免情緒受到市場影響而錯失投資，因為你的投資過程已經全部自動化，不必對抗人性這位投資最大的敵人，相當適合小資族。

　　舉個例子，我認識一位朋友小王從 2003 年 7 月 1 日開始每

月 3,000 元定期定額，直到 2021 年 8 月初，他投入的總成本是 65 萬 4,000 元，目前總累積的金額則是 215 萬台幣。光只是每個月定期投入 3000 元，就讓他毫不費力地賺進將近 150 萬！換算年化報酬率有 6.79％。這是沒有錯過任何一次投入的時機，以及未增加投資金額情況下的數據；如果能隨著收入增加放大投資金額，自動定期定額投入將幫助你累積更多的資產。

表 5-1：小資 YP 推薦三家國內券商之比較

	元富證券	富邦證券	國泰證券
最低手續費	$1	$1	$1
可投資標的	上市櫃個股與 ETF	台股 78 檔、ETF52 檔	台股 85 檔、ETF77 檔
交易日	任何一日	每月 6、16、26 日	每月 3、6、13、16、23、26 日
最低金額	$1000	$1000	$1000

資料來源：各家券商網站（截至 2021/10/31）

5-3 小資族如何投資全球市場

　　如果你想選擇投資全世界，則目前有兩個方法可以做到：一個是開立海外券商，另一個則是複委託。

海外券商全攻略

　　我一開進行始指數化投資，就是從海外券商開始。目前我所擁有的海外券商共有 4 家，包含 Etrade（億創理財）、TD Ameritrade（德美利證券）、Charles Schwab（嘉信理財）及 Interactive Brokers（盈透證券）。雖然現在海外券商都是免交易手續費，但其實在幾年前，大部分 ETF 交易還是需要手續費。不過隨著競爭與便民服務，各家券商紛紛調降手續費，最後就變成**交易幾乎都免手續費用**。這是我為何推薦你可以選擇海外券商的原因，也是海外券商相對於國內複委託最大的優勢。

　　除此之外，由於海外交易並不像先前的台股是用一張（1000股）為單位，而是用股數來交易，所以小資族更容易買進投資標

的，也不會有低消困擾。

開立前的準備

正如其名，海外券商並不是在台灣，因此，**除了需要線上開立海外券商的帳戶外，你還需要開設一個台灣的外幣帳戶**。這個帳戶是用來讓你自行買入美元，並將美元從外幣帳戶電匯到券商戶頭，變成券商端用來交易的資金。建議你可以每個月定額買入美元，取得平均匯率。

雖然在海外券商交易不需要手續費，但因為得把資金匯到國外去，所以這正是海外券商所需要付出的成本費用。這筆費用會根據開立外幣帳戶的銀行有所差異，從券商匯回台灣也會需要一筆電匯費用以及券商的匯出手續費。因此，**海外券商的成本費用主要就是電匯費用。**

海外券商比一比

當我們在尋找值得信任的海外券商時，券商是否夠安全、夠有保障將會是最重要的一環。你可以從券商是否為以下兩個機構的成員當作評估標準：

1. FINRA：美國金融業監管局

(The Financial Industry Regulatory Authority)

FINRA 是目前美國最大的非政府證券業自律監管機構。FINRA 是在 2007 年 7 月 30 日，由美國證券商協會（NASD）與紐約證券交易所中負責會員監管、執行和仲裁的部門整併而成。其成立的宗旨為透過法規以及監管規範，強化投資者保護及市場誠信與紀律，最重要的任務就是要保護投資者。目前 FINRA 監管對象超過 5,100 家證券公司、17.3 萬家分公司和 67 萬名註冊證券從業人員。

2. SIPC：美國證券投資人保護公司

(Securities Investor Protection Corporation)

SIPC 是一家非營利機構，主要目的是當旗下的證券商出現財務危機甚至倒閉，而無法償還客戶資產時，SIPC 會提供該券商旗下的每位客戶最高 50 萬美元的補償，其中包含最高 25 萬美元的現金額度。不管你是否為美國居民，只要你使用的海外券商是 SIPC 的一員，就會受到應有的保障。

我們常聽見的 Firstrade、TD Ameritrade、Charles Schwab 及 Interactive Brokers 等券商都是上述機構的成員。**表 5-2** 做個

簡單的比較：

項目	Firstrade （第一證券）	TD Ameritrade （德美利證券）	Charles Schwab （嘉信理財）	Interactive Brokers （盈透證券）
表 5-2：小資 YP 推薦四家海外券商之比較				
有無 手續費	–	–	–	有手續費
匯出 費用	$35	$25	$25	$10
有無 上市	–	V	V	V
開戶資金 門檻	–	–	$25,000	–
支援 ACH	–	V	V	V
優點	開戶快	軟體很強大	Debit Visa Card	可投資英美股

單位：美元（USD）

除了 Firstrade 之外其他 3 家我都有開。你也不用擔心自己英文能力不足，因為這四家券商皆有提供中文介面及中文客服。

如果你想要開立海外券商，雖然填寫的資料還是需要英文，但網路上已有許多圖解開戶教學文章。現在開戶只要在網路上就

可以完成，對照我先前還得將申請文件印下親簽後，用國際快遞寄送到海外，實在是太方便了。準備好你的外幣帳戶、線上開立券商帳戶，電匯好資金後即可開始投資海外市場！

 ※ 註：可參考我的〈IB 開戶完整圖解（Interactive Brokers）〉：https:// YP-finance.com/create-ib-account/

複委託全攻略

要進行分散到全世界的指數化投資，除了可以開立海外券商，你還可以採用**國內複委託**的方式來購買國外 ETF、股票、債券。對於把錢匯到國外有疑慮的投資者來說，也不失為便捷的方法。

雖然複委託在好幾年前就已存在，但那時手續費普遍非常昂貴，海外投資風氣也不若現在興盛。而在近幾年，國內券商普遍下調手續費帶動買氣，吸引不少投資人採用。

複委託的英文為 Sub-brokerage，正式名稱為**受託買賣外國有價證券業務**。複委託的流程跟海外券商下單的方式很不一樣，開

立海外券商的投資人可以直接在券商下單購買海外交易所的有價證券；但複委託並不是直接至海外交易所購買證券，而是透過中間一層又一層的委託才達成買賣。

對投資人來說，複委託的角色就像是代購。好比疫情期間無法出國，你如果想要購買日本當地的藥妝，就必須請代購業者幫忙購買後再寄送回台灣。

相同道理，當我們想要從台灣購買海外的股票時，必須先在國內券商開立一個複委託帳戶（一樣需要交割帳戶），接著①下委託單給國內券商；國內券商收到你的委託單後，會②再委託海外券商協助下單，才完成一次交易。這整個過程其實涉及兩次的委託行為，所以才會稱作「複委託」（**圖 5–1**）。

圖 5–1：複委託流程圖

複委託帳戶 → 委託下單 → 國內券商 → 委託下單 → 海外券商 → 交易

複委託成本費用

就像代購需要支付一筆代購費一樣，這正是複委託和海外券商之間的差異。目前大部分的海外券商都免手續費，但採用複委託交易的投資者**就需要付出買賣手續費，而且還有最低手續費的限制。**

從常見的美股手續費 0.2% / 20 美元來說，0.2% 表示手續費的比例，20 美元則代表低消費用。在此手續費率下，如果投入資金所需要的手續費不足 20 美元，則還是須付出 20 美元的低消費用。

假設我們透過複委託買入 VT 共 1,000 美元，手續費就是 1,000×0.2% = 2 美元，因為不足 20 美元，所以整體費用會是 1,000+20，共 1,020 美元。如果想達到手續費最划算的交易，可以這樣計算：

低消金額 / 手續費率，例：$20 / 0.2% = $10,000

在此例中，採用 0.2% /20 美元的複委託，必須要下單達到 10,000 美元（20 / 0.002 = 10,000），才會是最划算的方式。

注意：在累積資產階段，如果資金不夠多，就要注意低消的金額；如果到了未來要提領的階段，提領的金額通常都會超過低

消，所以更需要注意的是手續費的百分比（％）。

該如何選擇費率？

開立複委託的過程中，應該要選擇較划算且適合自己的費率。你有可能會碰到不同費率的抉擇，比如以下兩種不同的費率，你會選哪一種呢？

● 0.2% / 20 美元

● 0.3% / 15 美元

想要進一步解析費率是否適合你，我們可以從以下 3 個公式來計算衡量：

分別算出兩者的低消金額。

● 20 / 0.2% = 10000

● 15 / 0.3% = 5000

計算手續費比例較高的情況下，手續費達到 20 美元的交易金額 = 20 / 0.3% ≈ 6667

最後可以考量你每次預計投資的金額來做選擇，如**表 5-3**：

表 5-3：如何選擇複委託費率				
手續費用（單位：美元）				
每次 投入金額	0-5000	5000- 6666	6667	6667- 10000	>10000
20 / 0.2%	20	20	20	20	成交金 * 0.2%
15 / 0.3%	15	15-20	20	>20	成交金 * 0.3%
應選擇費率	15 / 0.3%		皆可	20 / 0.2%	

　　透過以上幾個步驟，你就可以根據投入金額選擇成本較低的費率。

　　透過複委託投資全世界股票市場是一種選擇，不過一定要注意複委託的付費方式。在有最低消費的機制底下，成本的掌控極其重要。目前一般常見的美股費率約為 0.2％ /20 美元左右，也有機會可以拿到更低的費率。雖然大部分複委託服務都能投資美股，但如果是想透過英股投資全世界，僅只有少數券商有提供，費率也相對高一點，務必審慎評估。

你適合海外券商還是複委託？

要投資全世界，可以從海外券商與複委託著手；但對於投資新手來說，哪個才是合適的選項呢？我們可以先從這兩者的各自優點談起（**表 5-4**）。

表 5-4：海外券商 VS 複委託之優勢比較		
	海外券商	複委託
優勢	● 交易大多免手續費，無低消限制 ● 交易標的選擇多 ● 部分券商提供金融 Debit 卡，可提領帳戶現金 ● 支援股息自動再投入功能	● 不需將錢匯到海外 ● 有台灣營業員可供諮詢 ● 純中文操作介面 ● 稅務問題較易處理

不管是哪一種方法，由於每個人的規劃與心態不同，如果上述談及到的某個優點是你非常看重的部分，你就可以選擇該方案來實行。但我們也不難看出，這兩者影響實際投資之間最大的差異，就是成本（手續費）的考量。雖然這是屬於一次性的投入成本，但精打細算的投資人也應審慎看待。

如果想從成本的角度試著衡量最適合的投資方式，可從以下

的計算方式評估：

● 電匯費用

● 複委託的手續費

● 一年交易的次數

● 購買標的的數量

假設我們採用 VT+BNDW 各 50％的方式，預計每個月投入 1 萬元台幣，美元匯率 30，複委託手續費是 0.2％／20 美元，電匯費用是 1,000 元，該如何做選擇？

表 5-5：VT + BNDW 每次 1 萬元投入

手續費佔據資金的比例	海外券商	複委託
每月投入	10% (1000/10000)	12% (600*2/10000)
每年投入	0.83% (1000/120000)	1% (600*2/120000)
每年投入的情況下費用差不多		

如**表 5-5**，雖然每個月都有資金可以投入，但顯然不管是使用複委託還是海外券商，都不可能每個月執行，因為成本會高達

10%以上，但如果改為每年一次買入的頻率，手續費並不會相差太多，兩者都是可行的方法。

不過，我想並非所有讀者都是固定兩種標的。如果將標的數量減少成 1 個或是增加至 5 個，選擇是否會有所不同呢？**表 5-6** 展示了不同標的數量，每年投入一次所需要的手續費用。

表 5-6：每月存 1 萬元，每年共 12 萬一次投入不同數量標的

	海外券商	複委託
1 個標的	0.83% (1000 / 120000)	0.5% (600 / 120000)
2 個標的	0.83% (1000/120000)	1% (600*2 / 120000)
5 個標的	0.83% (1000 / 120000)	2.5% (600*5 / 120000)

在一年買一次的頻率下，要投資的標的數目越少，複委託會比較有優勢；反之，如果投資標的過多，由於海外券商只要負擔單純的電匯費用，就會顯得划算許多。因此，評估海外券商與複委託成本差異的重點在於**①買入的資金與頻率**和**②標的數量**。

　　如果你的投資規劃是不常進行買入的動作，而且投資標的數量少，那就很適合複委託；反之則選擇海外券商比較合適。因此，投資人可以從自身的投入頻率、資金大小以及資產配置的內容，採用類似的思考邏輯進行評估，就能得出在不同條件下成本較低的選擇。

　　不過要提醒的是：此處的成本花費是屬於每次性的成本，而且都是固定金額，但先前提到的**內扣費用才是真正的成本大魔王**。所以投資人其實不需要花費太多心思在追求最低的單次買入成本，專注在長期採用低成本的指數化投資工具會更有幫助。

海外券商與複委託的 ALL IN 時機

　　基於成本考量，採用複委託投資全世界指數的投資人，通常都會累積到低消門檻再進行投入。例如在 0.15%／20 美元的費率下，就會先將投入的資金逐步累積至 13,333 美元（約 39 萬台幣）再投入至市場。然而，多數人的資金是來自每個月的薪資收入，在每月固定存款的情況下要累積到 39 萬再進行投資，勢必需要一段不短的儲蓄時間。

　　由於我們預期市場長期會是上漲，在等待資金累積的過程中，就很可能造成未投入的閒置資金錯過市場的上漲，失去可能賺得的報酬。但若是我們將市場預期上漲的可能視為一項機會成本，就不見得需要累積至符合低消手續費再進行投入。以下透過計算，幫你得出一則在預期報酬下的最佳 All in 週期公式：

$$\sqrt{\frac{2\times \ 低消}{預期月報酬 \times \ 每月投入資金}}$$

　　以複委託 0.15% / 20 美元手續費為例，換算台幣低消約為 600 元，最划算的投入金額約為 39 萬。如果你每個月存 1 萬，就需要花 39 個月才能存到此金額。但當我們預期全世界股票市場 ETF 的長期年化報酬率 7%，換算月報酬 0.56%，根據此公式計算，可得出所需要的累積時間大幅縮短為 4.6 個月。如果標的換成全世界債券市場 ETF，預期年化報酬率為較低的 1.5%，換算月報酬率 0.12%，每個月投入 1 萬台幣的最佳投入週期為 9.8 個月，也會比 39 個月縮短許多。

$$\sqrt{\frac{2\times600}{0.56\%\times10000}} \approx 4.6$$

此外，投資海外券商其實也有低消存在，那就是電匯費用。以我自己的例子來說，每次電匯費用為 800 元，如果抓電匯手續費 0.2％來當作匯入的條件，就得累積差不多 40 萬（每個月 1 萬 ×40 個月）才能投資。不過考量機會成本，預估整體投資組合的預期報酬 5％（不需採用單一標的的預估報酬，這是與複委託計算最大的差別），約累積 6.2 個月即可以投入。

總而言之，如果將閒置資金的機會成本納入考量，以下三種情況下你可以儘早投入：

1. 預期報酬率越高

2. 最低消費金額越少

3. 每月可投資金額越高

不管你能投入的資金是小還是大、是使用複委託還是海外券商，只要你想讓資金趁早參與預市場，不妨參考此最佳 All in 投入公式，檢視可行的投入週期。

用低成本，投資全世界的可能

不管選擇哪種方式投資，我們都是在將自己的眼光放到全世界的未來，進行長期的買入持有低成本指數化投資。短線高頻交易並不是我們所樂見的情況，以減少交易的角度而言，由於複委託有最低手續費的規範，這會讓想要嘗試短期交易的投資人不會那麼手癢，默默減少交易次數，也是一種好處。

而現在如果想從國內投資全世界，除了透過複委託，也有券商提供每月定期定額買入美股的服務，有的優惠活動甚至免除了最低手續費的限制，對小資族來說更是一大福音。而國內的機器人理財風氣也開始盛起，比方新創公司阿爾發等券商都開始提供此項服務。無論是券商或機器人理財提供的定期定額功能，都是可行的方法，有興趣的讀者都可以進一步了解。

不過如果你追求的是更有彈性、更靈活的交易，則海外券商會更適合你。除了免交易手續費的優勢之外，你購買的標的會發放股息，海外券商也可以一併幫投資人做股息再投入（DRIP）的動作。

　　整體而言，海外券商與複委託各有優缺點，你可以根據自己的條件與可行性來評估。不過在長期的投資歷程中，每一次的手動投入都是一個人性挑戰，如果將來有一個方法能以低成本幫助投資人自動扣款買入以及進行再平衡，相信這對廣大投資者絕對會有非常大的吸引力。

　　選擇投資全世界，而不是只投資單一市場，不只是為了避免長期投資失敗中的方法之一，也是指數化投資更上一層樓的展現。透過這樣的投資方式，我們可以免於畫地自限，不會陷入所謂的「近鄉偏誤」。[1] 在投資時重視風險，藉由分散再分散的投資，你就可以與整個世界共同成長，享受天下的免費午餐。

5-4 指數化投資實戰 5 大步驟

現在你已經具備透過指數化投資達成財務目標的一切相關知識，接下來就只剩實務面的操作。執行方法很簡單，只有以下五個步驟：

1. **確立投資目標**
2. **決定投資市場（台灣／全世界）**
3. **決定資產配置與標的**
4. **決定購買的頻率**
5. **持續一直買**

第一步：確立投資目標

建立投資目標，主要是為了解決一個問題：該如何評估需要投入多少錢？換句話說，擁有**明確的財務目標**非常重要。不管是累積第一桶金、投資孩子的教育費用，或是累積人生終極財務目標的退休金，你都需要一個相對明確的數字來規畫整個投資歷程。

假如投資沒有目標，那就猶如在大海中失去了羅盤，找不到方向。

　　因此第一件事，就是要先釐清你投資的目的，這個目的應該會伴隨著一個相對應的目標金額，比如 100 萬或 500 萬。假設你目前沒有任何五年以上的財務目標，建議你可以透過 4％法則（每月被動收入（萬）×300），估算出所需的退休目標金額，因為每個人都會需要面對退休的課題。

　　投資目標金額之所以存在，是為了讓我們理解在投資期間需要投入多少資金才有機會達成目標。時間越短，所需要投入的本金就會越大；時間拉得越長，相對投入的本金就會較少。

　　假設你的目標是存到 1000 萬退休金，相當於每月 3 萬元的被動現金流；以現在 25 歲的小資族來說，還有 40 年的投資時間。如果抓一個適中的投資報酬率 7％，那只需要每個月存下 4,000元投資，就有很高機會可以達標。**表 5–7** 顯示了不同年化報酬率下所需要的每月投資金額：

表 5-7：不同的年化報酬率下所需要的每月投資金額

投資年限	目標金額 1000 萬，每月需投入的金額					
	5%	6%	7%	8%	9%	10%
10	66254	63223	60315	57525	54850	52288
11	58657	55661	52797	50064	47456	44969
12	52355	49398	46585	43913	41376	38969
13	47046	44133	41376	38768	36305	33982
14	42520	39654	36954	34414	32028	29789
15	38619	35802	33162	30691	28382	26228
16	35225	32460	29881	27481	25250	23181
17	32249	29537	27021	24691	22539	20553
18	29622	26964	24511	22252	20177	18275
19	27288	24684	22294	20106	18109	16289
20	25202	22654	20327	18210	16289	14550
21	23330	20837	18574	16527	14681	13020
22	21642	19205	17005	15027	13254	11671
23	20114	17732	15595	13685	11985	10477
24	18726	16399	14324	12482	10852	9416
25	17460	15189	13175	11399	9839	8473
26	16304	14087	12134	10423	8929	7633
27	15243	13081	11188	9540	8112	6881
28	14269	12160	10327	8741	7377	6209
29	13371	11316	9541	8015	6713	5607
30	12543	10541	8822	7356	6114	5066
31	11777	9827	8164	6756	5571	4580
32	11067	9169	7561	6209	5080	4143
33	10408	8561	7007	5710	4635	3750
34	9796	7999	6497	5253	4230	3395
35	9226	7478	6028	4836	3863	3075
36	8695	6996	5596	4454	3529	2786
37	8200	6548	5197	4104	3225	2525
38	7737	6132	4829	3782	2948	2289
39	7304	5745	4489	3488	2696	2076
40	6898	5385	4174	3217	2466	1883

當然你也可以反過來，採用每個月或每一年可投入的金額來重新衡量投資目標金額。因此在第一個步驟中，你會知道投資的目的與目標，也會清楚每個年度預計能夠投入的資金有多少。

※ 註：表中的金額可採用 Excel 的 PMT 公式得出：PMT(年化報酬率 , 期數 , 0, 目標金額)

第二步：決定投資市場

初入投資市場的你，很可能會選擇台灣市場當作入門挑戰；有些人則是會選擇直接投資全世界，因為全世界的投資範疇就包含了台灣市場。不過投資單一台灣市場與全球市場面臨到的風險會有所不同：一個是單獨投資台灣市場需額外承擔的區域市場風險，一個則是匯率風險。因為要投資全球市場，我們得先把新台幣換成美元，報酬將可能受到匯率影響。儘管兩者都有各自的挑戰，但根據 Vanguard 對全球投資的研究分析，相對於單一市場的投資組合，多元的全世界配置將能有效降低資產波動。

因此如果情況允許，我更建議你從全世界市場進行多元化投資，享用投資界的免費午餐。投資全世界不但能享有降低資產組

合波動的效果，也一併替投資人消除了思考未來哪些區域、國家會是比本土市場更好選擇的煩惱，因為在這個情況下我們的主要考量就會是風險與波動。[2]

在這第二個步驟中，隨著你的市場選擇，你將會開設台灣本土的券商，或是開設海外券商／複委託來投資全世界。

第三步：資產配置與標的

還記得如何決定資產配置的比例嗎？請考量個人風險的承受度，以及距離投資目標的年限。如果是以 65 歲退休金做為財務目標，股債比例可以採用 **110− 年齡數字**做為股票的配置比例。在長時間的投資維度中，擁有較高的股票比例，所獲得的報酬通常會較高債券比例的組合來得好。你所選擇的股債比例，自然也會影響預估的未來報酬率。個人建議股票的配置至少要達到 50%以上。

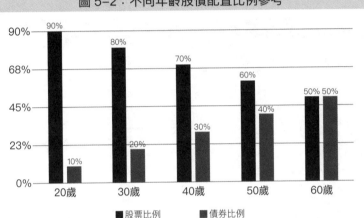

圖 5-2：不同年齡股債配置比例參考

確定股債比例之後，隨著你在前一步市場的選擇，就可以從我們在第四章所提及的標的中，決定一組分散式的資產配置。不過切記：**不要從過去報酬的層面決定你未來的資產配置，而是要從願意承受風險的角度去做抉擇。**

表 5-8：指數化投資常用投資組合

ETF		股票 ETF	債券 ETF
台灣市場		0050	
		006208	
全世界	美股	VT	BNDW / BND / IEI / IEF
		VTI + VXUS	
		VTI + VEA + VWO	
		AOA / AOR / AOM / AOK	
	英股	VWRA / VWRD	VAGU
			AGGU / AGGG

　　此外建議投資標的的內容不宜太多，否則在投資過程中，你可能會在資金的分配、管理以及再平衡的執行上碰到麻煩。請記得，越簡單的配置能堅持得越久。

　　比如打算投資世界市場的投資人，可能會選擇 VT+BNDW、VTI+VXUS+BND 或是 VWRA+VAGU / AGGG，這些組合的優勢是檔數很少、管理方便，但需要手動進行再平衡的動作；因此也有人會選擇費用稍微高一點，但簡單暴力的 AOA 系列股債平衡

ETF，一檔就可以投資全世界。而如果是投資台灣市場的投資人，
大部分會使用 0050 /006208 搭配高利活存或定存。

以下舉例不同的年齡跟市場可行的資產搭配：

● 20 歲想投資台灣市場的年輕人：0050（90％）＋現金
（10％）

● 30 歲想透過美股投資全球市場的壯年人：

　■ VT（80％）＋ BNDW（20％）

　■ VTI（64％）＋ VXUS（16％）＋ BND（20％）

　■ AOA（100％）

● 40 歲想透過英股投資全球市場的中年人：

　■ VWRA（70％）＋ VAGU / AGGU（30％）

　　因此，在這一步驟要決定的就是股票與債券的比例，接著再
選一組自己管理起來方便、易於堅持的組合就可以了。你可以藉
由下一頁的測驗，來選出最適合自己的資產配置組合。

找出適合你的資產配置

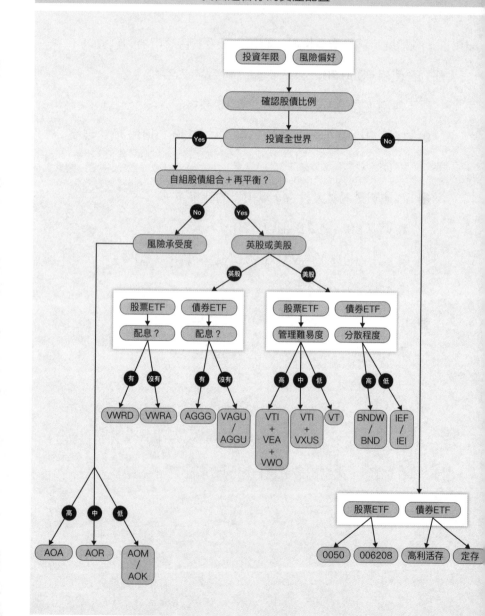

第四步：設立購買頻率

決定好資產配置以及相符的投資標的後，你就可以設立自己投入資金的頻率。

設定固定間隔投入的好處在於，你會有一個可以依循執行的計劃，而不是隨著情緒或是股價隨意投入。記得，計劃是用來協助你讓資產成長，而不是在限制你。雖然採用指數化投資的原則是有多餘資金就投入市場，把自己當做指數，隨時參與經濟的增長；不過現實生活中要做到這件事情有其難度，原因在於成本。

在台灣證券商買入零股會有手續費，在海外買 ETF 雖然免手續費，但需要額外負擔電匯成本，這些成本讓我們無法隨時投入多餘資金。因此如果你的資金較小，在台灣市場每月定期定額的買入手續費還算便宜；但如果是投入全世界市場，那就勢必得衡量一下電匯費或複委託低消是否會太過於沉重，侵蝕了投資獲利。你也可以採用前面的最佳週期公式，計算適合你的投入頻率。

但不管你的選擇如何，一旦制定下來就不要輕易更動，務必堅持下去。

第五步：一直買，就對了！

最後、也是最重要的一點：直到終點到手，否則不輕易放手。

在如此長久的投資歷程中，投資成功的關鍵並不在於擁有的投資組合多優秀，也不在於投資的時機點有多好，而是**如何面對投資中最大的敵人——你自己**。這將取決於你是否有足夠的耐心與信念。我必須再次強調：這是一個長期投資計劃，對於大部分投資者來說，甚至是一生的投資規劃。在前幾個章節中，我們花了許多篇幅，透過不同的層面與角度試著讓你理解長期投資帶來的好處，並提供方法幫助你面對難以預測的未來。這一切的一切，就是希望能幫助你堅持到底。而你必須理解，這份堅持不單只是待在市場，回想一下複利的公式：本金 ×（1 + 年化報酬率）^ 年份。為了讓本金持續增長，請務必要持續投入，千萬不要半途而廢。儘管市場總是不經意地透過隨堂考來確認你的長期投資決心，但這些雜訊都是讓你變得更加茁壯的養分。

保持紀律、勇敢前行，乃是投資成功的不二法門。

指數化投資永遠經得起考驗

> 「當一個問題有多種解決方案時，就選擇最簡單的一個。」
>
> ——約翰‧柏格

　　指數化投資的五大執行步驟，到最後就只剩下最後一步——一直買就對了。在這之中沒有繁瑣的計算，也沒有耗費心力的看盤過程，這說明了指數化投資絕對是每個人都能夠很少時間執行，而且成功複製的方法。

　　也就是說，在你閱讀本書的過程之中，你已經完成指數化投資中最需要花費時間的部分：**理解指數化投資的理念、投資人應該掌握的關鍵因素以及風險**。接下來你要做的事情就是儘可能地儲蓄與投資，日復一日、年復一年，不論市場股價如何變化，都按照既有的計劃確實執行買入與再平衡的動作。買入的行為一年花不到你 5 分鐘，但能夠年年保持紀律執行並非易事。最大敵人已經不是市場，而是你自己，投資人往往低估了自己破壞長期計

劃的能力。除了外在世界的誘惑太多，你內心的信念也很容易受到花言巧語動搖。但你一定要記住：看似豐碩的報酬之下總有不可告人的風險，務必要保持耐心，思考隱藏的風險在哪裡。

萬丈高樓平地起，每位成功的投資者都是堅持相信自己的理念，一步一腳印完成財務目標，我相信你一定做得到，因為我是透過相同的方式堅持到現在。透過本書，你現在已經具備分辨優劣投資方法的能力，你我並無不同。我比你略有優勢的地方，只在於比你提早知道了這些知識——而現在你已經擁有了。這些年來，我並未看到那些擇股或擇時的地方有所成長，只是隨著時間的流逝、實際參與市場的變化，一再見識到市場是如何玩弄投資人，以及市場又是如何一次又一次地加深我對於指數化投資的信念。相信不管時間過多久，指數化投資永遠都經得起市場的考驗，它也將指引你前往你想抵達的地方。

指數化投資，就從現在開始。

第 **6** 章

賺錢賺自由，
邁向第二人生

　　你是否曾經想像過退休生活，甚至期待退休的那一天能提早到來呢？

　　退休這件事情，是在近幾年才受到的普遍討論。我們的祖父母輩，可能不曾聽過這個詞彙；而近一點的我們的父母，甚至會認為工作這件事情，就是要做到自己不能做為止。不過現在大眾已經普遍接受退休的概念，甚至想提早退休的時間點。傳統的退休定義，指的是在法定的退休年齡，不再依靠勞力獲得收入，轉而依靠社會福利、退休金以及自己累積的資產支應第二人生。

　　退休人生，或者是說退休金的準備，是我們每個人終究都會遭遇的課題與階段。但我們其實對準備退休這件事情並不是很拿手，一來是因為退休存在的歷史很短暫，我們尚未研究得很透徹；另一點則因為大部分人都不曉得，到底要有多少錢才能夠安穩退休。雖然目前對於後者，每個人的生長環境與需求不盡相同，難以有一個定論，不過大方向其實是一致的——你得依靠正確的投資方式累積資產，並且合宜地規劃退休支出。

　　因此在這個章節，我將告訴你如何設立退休的目標。除了協助你一步步邁進目標，也會告訴你達到目標金額後該如何使用這份資產，如何面對可能存在的風險挑戰，度過你的第二人生。

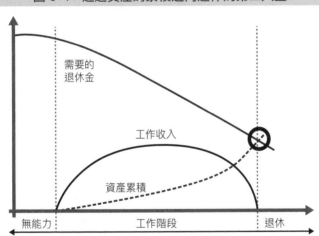

圖 6-1：透過資產的累積邁向退休的第二人生

6-1 你的財務自由數字：4%法則

所謂退休，就是不再依靠工作收入生活，那近幾年很紅的「財務自由」（FIRE）又是什麼意思呢？財務自由（FIRE）的原文為「Financial Independence, Retire Early.」（財務獨立，提早退休）——你可以發現財務自由其實是由兩件事情組合而成的。追求財務自由的人，其實是想透過金錢買回自己人生的時間，讓自己擁有絕對支配時間的權利，而不是為了生活做一些自己不想做的事情。

簡單來說，財務自由的境界就是**提早在法定退休年齡前完成財務獨立，至於要不要工作，則是個人的選擇**。我們可以說，財務自由其實就是提前退休的時間點，並且透過財務獨立讓工作變成一種選項，而不是必須。因此，不妨先思考要如何達成財務獨立，如此就能規劃出方向，當作我們的退休目標。

而目前最廣為流傳的財務獨立法，正是「4％法則」。4％法則又稱為「4％提領率」，為了要達成財務獨立，必須讓資產取代薪水來支應我們的日常生活。在此狀況下，不可或缺的正是一

筆現金流，更常聽到的說法就是「被動收入」。因此，提領率所代表的意義，便是把資產賣出換成現金使用，也就是讓錢滾出的錢變成我們的生活費。

這裡舉個實際例子讓你了解 4％提領率的運作方式：

YP 目前有 1,000 萬的資產，根據 4％提領率計算可得出 1000×4％ = 40。他可以將 1,000 萬的資產，在退休第一年賣出 40 萬當作生活費；而往後的每一年，則是根據通貨膨脹指數，調整提領（賣出）的金額，比如通貨膨脹率為 2％，則隔年就需賣出 40×1.02=408,000。

反過來說，累積 1,000 萬的資產，就是每年需要 40 萬生活費的投資者的退休目標金額。由此，我們可以透過以下幾種方式計算財務獨立的數字：

● 年支出 / 4％ = 財務獨立的數字

● 年支出 × 25 = 財務獨立的數字

● 月支出 × 12 × 25 = 財務獨立的數字

● 月支出 × 300 = 財務獨立的數字

如果想計算未來的退休目標金額，簡單預估每月的生活費用，你就可以採用月支出 ×300 的公式計算。

表 6-1：支出與財務獨立數字之關聯			
月支出	財務獨立的數字	年支出	財務獨立的數字
1	300	10	250
2	600	15	375
3	900	20	500
4	1200	25	625
5	1500	30	750
6	1800	35	875
7	2100	40	1000
8	2400	45	1125
9	2700	50	1250
10	3000	55	1375

（單位：新台幣萬元）

藉由**表 6-1**的簡單計算，你會發現財務獨立並沒有想像中那麼遙不可及。依照台灣主計總處統計 108 年受雇員工的年收入，中位數為 49.8 萬元。[1] 也就是說，你只要累積約 1250 萬的資產，就能藉由資產所帶來的現金流，邁向財務獨立的生活。

　　4％法則目前能追溯至最早的起源是來自於美國財務顧問威廉 ・ 班根（William P. Bengen）在 1994 年發表的研究。他採用 50％～ 75％的股票比例加上剩餘比例的債券組合，透過每年再平衡回測過去美國市場 1926-1976 的實際提領過程。得出的結論是：**年齡 60–65 歲的退休人員，如果搭配 50/50 股債配置，採用 4％的提領率會是安全的。**[2] 根據他的研究結果，4％的提領率最少可以讓此現金流維持 33 年；而大多數的情況可維持至 50 年，對於 60 歲退休人員的預期壽命來說非常足夠。

　　班根所採用的投資組合與理念，正是此書所提及的長期指數化投資加上資產配置。這也就是說，不論是資產累積階段還是退休提領，指數化投資一直都是你我最佳的投資策略。而在 1998 年美國學者發表的研究中，採取與班根類似的模擬 4％提領方法，將回測的時間增加至 70 年（1926 ～ 1995），點出採用 50％股票以上的投資組合，在連續 30 年實行 4％提領率的成功機率將高達 90％，進一步讓 4％法則廣為人知。[3]

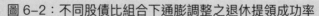

圖 6-2：不同股債比組合下通膨調整之退休提領成功率

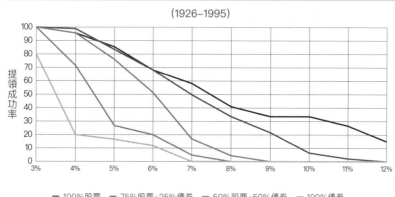

(1926–1995)

提領成功率

━ 100%股票　━ 75%股票+25%債券　━ 50%股票+50%債券　━ 100%債券

　　儘管以上兩篇研究是以美國市場作為主體，但我們依然可以
採用此方式當作退休目標金額的參考。因為我們採用的指數化投
資，將是更為分散的全球多元化配置，透過預估生活支出搭配 4%
法則，將能協助我們計算出目標金額，一步一步透過指數化投資
向前邁進。

　　除此之外，你也可以透過 4% 法則協助父母或身邊親友們進
行退休財務健檢，因為他們有極大的機會將比你更早面臨退休的
階段。

6-2 提早抵達退休甜蜜點 2 大關鍵

在上個章節中，說明了可以透過 4％法則計算出所需要的退休金；不過在台灣提到退休，更常見的說法是退休的「所得替代率」（Income replacement ratio），指的是**退休後平均每月可支配金額，與退休當時每月薪資的比例**。

舉個例子，如果你現在平均月收入為 4 萬元，在退休之後擁有每月 3 萬元的可支配金額（勞退、勞保或任何其他被動收入），則所得替代率就是 30000 / 40000 = 75％。如果想擁有 100％的所得替代率，表示在退休後每月需要有相等於原本收入的 4 萬元。

維持一定的所得替代率，是退休後每月收入是否能維持生活水準的關鍵。所得替代率越高，退休後的生活水準也越高；所得替代率越低，退休後可動用的收入就越低，將大大影響生活的水準。

經由以上說明，你應該已經了解所得替代率的涵義以及對生活水準的影響。不過，不管你的目標是正常退休，還是加入 FIRE 風潮，想達成財務目標的方向都是一致的──那就是要透過指數化投資累積足夠的資產。

而決定我們所需的財務獨立時間的，就是這兩個因素：

● 儲蓄率（可投資的金額）

● 所得替代率（退休生活水平）

所謂的儲蓄率，指的是每月能夠存下來投資的金額佔月收入的比值。值得注意的是，這個金額不單只是用來儲蓄，還必須透過指數化投資累積你的資產。

例如阿華月薪 3 萬元，扣除支出後每月可餘下 6,000 元，儲蓄率即為 6000/30000 = 0.2 = 20%，相當於他每賺 5 元就有 1 元可存下投入指數化投資，作為未來退休之用。

表 6-2 為採用長期年化報酬率 6%，加上 4% 提領率目標金額計算而成的財務獨立時間表。根據表中計算，如果你白手起家，目前每個月儲蓄率是 20%，並將該資金投入指數化投資，希望未來的生活水準相當於所得替代率 60%，你只需要 28.5 年的時間就可以完成目標。

也就是說，預期退休所得替代率 60% 的情況下，月收入 1 萬元且每月投資 2,000 元所需要的時間，等同於月收入 5 萬元且每月投資 1 萬元的時間，都是 28.5 年，因為兩者儲蓄率以及所得替代率皆相同。但不只如此，這張表其實還透露了幾項要點。

表 6-2：財務獨立需要多久（年）？

所得替代率	所需時間（年）															
100%	17.6	18.4	19.1	20.0	20.9	22.0	23.2	24.5	26.0	27.8	29.9	32.5	35.8	40.1	46.3	57.4
95%	17.1	17.8	18.6	19.4	20.3	21.4	22.5	23.8	25.4	27.1	29.2	31.8	35.0	39.3	45.5	56.5
90%	16.5	17.2	18.0	18.8	19.7	20.7	21.9	23.2	24.7	26.4	28.5	31.0	34.2	38.5	44.7	55.7
85%	15.9	16.6	17.3	18.1	19.0	20.0	21.2	22.5	23.9	25.7	27.7	30.2	33.4	37.6	43.8	54.8
80%	15.3	16.0	16.7	17.5	18.4	19.3	20.4	21.7	23.2	24.9	26.9	29.4	32.5	36.7	42.9	53.8
75%	14.7	15.3	16.0	16.8	17.6	18.6	19.7	20.9	22.4	24.0	26.0	28.5	31.6	35.8	41.9	52.7
70%	14.0	14.6	15.3	16.1	16.9	17.8	18.9	20.1	21.5	23.2	25.1	27.5	30.6	34.7	40.8	51.6
65%	13.3	13.9	14.6	15.3	16.1	17.0	18.1	19.3	20.6	22.2	24.2	26.6	29.6	33.7	39.7	50.5
60%	12.6	13.2	13.8	14.5	15.3	16.2	17.2	18.4	19.7	21.3	23.2	25.5	28.5	32.5	38.5	49.2
55%	11.8	12.4	13.0	13.7	14.5	15.3	16.3	17.4	18.7	20.2	22.1	24.4	27.3	31.3	37.2	47.8
50%	11.1	11.6	12.2	12.8	13.5	14.4	15.3	16.4	17.6	19.1	20.9	23.2	26.0	29.9	35.8	46.3
45%	10.2	10.7	11.3	11.9	12.6	13.4	14.3	15.3	16.5	18.0	19.7	21.9	24.7	28.5	34.2	44.7
40%	9.4	9.8	10.3	10.9	11.6	12.3	13.2	14.2	15.3	16.7	18.4	20.4	23.2	26.9	32.5	42.9
35%	8.4	8.9	9.4	9.9	10.5	11.2	12.0	12.9	14.0	15.3	16.9	18.9	21.5	25.1	30.6	40.8
30%	7.5	7.9	8.3	8.8	9.4	10.0	10.7	11.6	12.6	13.8	15.3	17.2	19.7	23.2	28.5	38.5
25%	6.4	6.8	7.2	7.6	8.1	8.7	9.4	10.1	11.1	12.2	13.5	15.3	17.6	20.9	26.0	35.8
20%	5.3	5.6	6.0	6.3	6.8	7.3	7.9	8.5	9.4	10.3	11.6	13.2	15.3	18.4	23.2	32.5
15%	4.1	4.4	4.7	5.0	5.3	5.7	6.2	6.8	7.5	8.3	9.4	10.7	12.6	15.3	19.7	28.5
10%	2.9	3.0	3.2	3.5	3.7	4.0	4.4	4.8	5.3	6.0	6.8	7.9	9.4	11.6	15.3	23.2
5%	1.5	1.6	1.7	1.8	2.0	2.1	2.3	2.6	2.9	3.2	3.7	4.4	5.3	6.8	9.4	15.3
儲蓄率	80%	75%	70%	65%	60%	55%	50%	45%	40%	35%	30%	25%	20%	15%	10%	5%

投入資金越多，越早邁向退休甜蜜點

如果你的儲蓄率只有 5％，想達到 100％的所得替代率，你需要花上 57.4 年的時間。以一位 24 歲、剛出社會的年輕人來說，就必須要工作到 81 歲才能退休，看到這邊，我想大部分讀者可能就開始萌生退意了。

不過，假設你 30 歲成家立業，根據行政院主計處統計家庭儲蓄率，一般家庭收入扣除養育小孩的費用、食宿以及其他雜項支出，**平均是 20％左右**。20％的儲蓄率情況下，如果想維持 100％的所得替代率，則需要 35.8 年，**預期退休年齡正好就是法定的 65 歲左右**。雖然退休年紀看起來好像沒問題，但事實上，大多數民眾在屆臨退休之際，依然沒有足夠的退休金可以支應生活。衛福部 106 年的老人狀況調查報告顯示，有超過兩成 55 歲以上民眾，會覺得生活費不敷使用或生活相當困難。[4]

但只要透過儲蓄加上指數化投資，你就能擁有合理的期待，在退休時擁有如你預期的退休生活。

而如果你想提早退休的時間點，從之前的複利方程式中，可以得知：在減少雪球滾動時間的情況下，只要讓更多的本金藉由

複利成長──提高儲蓄率，增加可投資金額──就能做得到。

即使你在 30 歲才開始儲蓄與指數化投資，但如果能夠將儲蓄率提高至 40％，則你在 56 歲就能達成退休甜蜜點，這比普通儲蓄率（20％）的一般人退休年齡 65 歲提早了 9 年之多！這正是增加可投資金額所帶來的威力。

這也說明了：不論你幾歲開始規劃退休金，只要設法提高儲蓄率，透過指數化投資獲取市場報酬，你將有很高的機會可以達到財務獨立。而比起關注未來市場的諸多不確定性，我們更應該於專注提高本業收入、掌控支出，同時被動指數化投資，財務目標自然水到渠成。

在 50 歲前達成 70％的所得替代率

我們回過頭思考一下關乎退休生活水平的所得替代率吧。

如果你是一位目前正在累積資產道路上的投資人，你現在每個月的收入並非 100％都拿來支出，對吧？不管是儲蓄率是 5％或 20％的投資人，都不會將所得 100％拿去支出，這樣才有盈餘可以儲蓄投資。

　　這就代表：所得替代率 100%的退休生活水平，將會優於你現在累積資產時的生活水平。換句話說，如果想維持現在的生活水平，你並不需要追求 100%的所得替代率。

　　舉例而言，一位月收入 4 萬元的小資族，現有的儲蓄率為 30%。這代表他在透過工作獲得收入的階段，每個月會拿 12,000 元進行指數化投資，28,000 元作為支出。假如他對於目前的生活感到滿意，也想在退休時擁有相同的生活支出水平，只要將所得替代率設定在 70%（28000/40000=0.7=70%）即可。

　　一旦將退休目標的所得替代率從 100%降至 70%，在同樣的預期報酬率下，便可以將工作賺取主動收入的時間從 29 年縮短至 25 年，足足減少了 4 年的工作時間（**表 6-3**）。

表 6-3：降低所得替代率來提早完成退休目標

退休所得 替代率	退休 每月現金流	所需的 工作時間	退休 生活水平
100%	40,000 元	29 年	更好的水平
70%	28,000 元	25 年	相同生活水平

　　在工作累積資產階段擁有越高的儲蓄率，一方面可以讓更多
資金投入市場獲取報酬，另一方面則是能在維持相同生活水平的
情況下，讓所設定的所得替代率更低，縮短達成目標的時間。這
也是為何有些 FIRE 一族能夠在 50 歲、甚至 40 歲前就達到目標，
最重要的關鍵就是設法提升儲蓄率、加以投資，讓財富的雪球加
速滾動。

　　因此，假如你的目標是在 50 歲前達到財務獨立，賺到更多
的自由、提早過你想要的生活，以一位剛出社會 24 歲的社會
新鮮人來說，在採用指數化投資預期年化報酬率 6％＋ 4％法則
當作提領率的前提下，需要做的事就只有將**每月所得的 30％投
入於全球的股債配置**。換句話說，由於儲蓄率與收入高低無關，
無論你的薪水是 3 萬元還是 4 萬元，只要每月將 30％收入投入
指數化投資，就有很高機會靠著資產的複利成長，在 50 歲時完
成財務獨立的目標。**這比 65 歲的退休年齡足足早了 15 年！**（表
6–4）。

所得替代率	所需時間（年）										
100%	17.6	18.4	19.1	20.0	20.9	22.0	23.2	24.5	26.0	27.8	29.9
95%	17.1	17.8	18.6	19.4	20.3	21.4	22.5	23.8	25.4	27.1	29.2
90%	16.5	17.2	18.0	18.8	19.7	20.7	21.9	23.2	24.7	26.4	28.5
85%	15.9	16.6	17.3	18.1	19.0	20.0	21.2	22.5	23.9	25.7	27.7
80%	15.3	16.0	16.7	17.5	18.4	19.3	20.4	21.7	23.2	24.9	26.9
75%	14.7	15.3	16.0	16.8	17.6	18.6	19.7	20.9	22.4	24.0	26.0
70%	14.0	14.6	15.3	16.1	16.9	17.8	18.9	20.1	21.5	23.2	**25.1**
儲蓄率	80%	75%	70%	65%	60%	55%	50%	45%	40%	35%	30%

表 6-4：每月儲蓄率 30%，提早在 50 歲達到財務獨立

主動收入為你帶來更優渥的生活

想提早達成財務獨立的目標，除了可以靠提高儲蓄率、指數化投資，以及降低所得替代率來完成；但還有一件你不容忽視的事情，那就是工作所帶來的主動收入。你的主動收入其實擁有很強大的力量，可以讓我們的退休生活更加優渥。

　　同樣以 24 歲月收入 4 萬元的小資族，靠著儲蓄率 30％可在 50 歲達成財務獨立為例。當他實現財務獨立後，便能在每個月不工作的情況下，靠著 4％法則的提領，擁有 28,000 元的現金流使用。但假設他願意再工作 1.8 年，便能將每月的提領收入提升至 32,000 元，足足多了 4000 元的收入；要是又再工作 1.6 年，每月的收入則又能提升至 36,000 元——每月持續獲得的主動收入，會默默增加退休時的收入，這正是它帶來的最大力量。

　　從這個例子你可以發現：持續從事工作所擁有的主動收入，可以讓我們邁向財務獨立後的生活水平變得更好。如果你沒有非得馬上停止工作的需求，那我認為擁有一份自己喜歡的工作，除了可以實現成就感，還能在未來帶給你更優渥的退休生活，這也會是個很棒的決定。

達成退休或財務獨立要多久？

　　一般人會想要離開目前的工作崗位，或是想要追求財務獨立，多數的原因是出自於人們從事著自己不喜歡的工作；或是為了生存所需，無法投入於自己所感興趣的事物。

但只要透過指數化投資達成財務獨立的目標，你就可以全心全力投注於你的熱情所在，或是毅然卸下勞力工作者的身分，邁向另一個階段的人生。

想要順利達成此目標，不外乎需要理解退休（財務獨立）之後的生活水平程度，也就是估算每月所需要的支出金額。如此一來，我們便能換算工作時期所需要的所得替代率，進而理解透過當前每月的儲蓄率與指數化投資，能讓我們減少多少投入勞力的時間；假使所需的時間超過預期，只要提升儲蓄率以及自身的價值，設法投入更多的資金進行指數化投資，就能夠加速目標達成。

要實現退休或是財務獨立的目標，取決於你是否能在一定時間內累積足夠資產；一旦你越早發現人生的終極財務課題，你就能更輕鬆地完成這件事情，因為時間正是年輕小資族們相對於他人擁有的最大財務優勢。

總歸來說，無論你想要的退休生活是每月 3 萬元還是 5 萬元的收入，將工作時期的儲蓄投入指數化投資，透過資產配置累積資產，就是最正確的做法。

6-3 報酬順序風險：做好萬全準備

　　一旦你累積足夠資產，順利邁向退休的第二人生之後，你就可以一邊進行指數化投資，一邊提領（賣出）資產來支應退休生活。不過，退休金是否可以讓你有足夠的提領年限（活著的時候一直有錢可用），除了要看未來的報酬之外，還有一項風險你得面對，那就是「報酬順序風險」。這裡先拋出一個問題：「在不同時機點準備 1,000 萬退休，同樣可以順利提領到終老嗎？」

報酬順序風險與退休提領的關係

　　在累積資產的階段，我們知道報酬的先後順序，會影響持續投入的投資人最終累積資產的多寡。而對於不再透過勞力獲得主動收入的退休族而言，此風險的影響則更加顯著。

　　在退休的提領階段，你可以透過 4％提領率的方式來賣出資產，當作退休生活的被動收入。提領階段與累積資產階段最大的差異，**在於一個是賣出資產，而另一個是買入資產**。這個差異可

能帶來不同結論。

假設未來十年的報酬有兩種報酬順序,而通膨率暫時不計:

● A:前五年都是 +5%,後五年都是 -5%

● B:前五年都是 -5%,後五年都是 +5%

A 屬於先漲後跌,B 屬於先跌後漲。兩者年度報酬的組成相同,只是順序不同,因此年化報酬率是一樣的。想像有位退休人員分別投入 A 與 B 的投資商品 1,000 萬當作退休資產配置,預期每年提領 4%,往後十年不同的資產變化如**圖 6-3**。

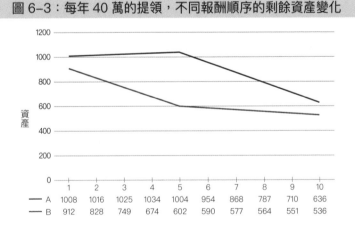

圖 6-3:每年 40 萬的提領,不同報酬順序的剩餘資產變化

	1	2	3	4	5	6	7	8	9	10
A	1008	1016	1025	1034	1004	954	868	787	710	636
B	912	828	749	674	602	590	577	564	551	536

雖然 A 與 B 的年化報酬率相同,**但由於中間的報酬順序不同,**

導致提領過程中對資產的影響有所差異：A 剩餘 636 萬，B 剩餘 536 萬，A 比 B 多了將近 18%的資產，差了足足 100 萬！

退休的時間短則 10 年、20 年，長則 30 年以上，而在退休提領的過程中，最擔心的就是已經沒有資產可以提領，但生活還是得繼續過。換句話說，就是沒有任何收入。

因此，現在我們將模擬的時間增加到 30 年，進一步了解報酬順序風險對於退休提領的變化。假設投資商品 A 與 B 的未來報酬順序分別如下：

● A：前 15 年上漲 5%，後 15 年下跌 5%

● B：前 15 年下跌 5%，後 15 年上漲 5%

A 屬於先漲後跌，B 屬於先跌後漲。退休人員分別投入 1,000 萬，採用 4%法則的提領方法，不計入通膨，則資產變化如下：

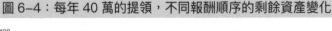
圖 6-4：每年 40 萬的提領，不同報酬順序的剩餘資產變化

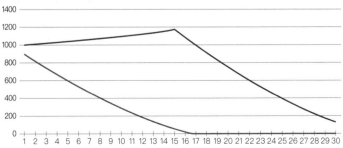

結果是 A 剩餘資產 135 萬，B 則在第 17 年提領的時候就會將資產耗盡。同樣採用每年提領 40 萬的方式，投入投資商品 A 能安然度過退休後的 30 年，投資商品 B 卻沒有這麼好運，在第 17 年的時候就會發現帳戶裡面只剩下 16 萬，出現資金的缺口。

在相同的預期年化報酬率下，不同的報酬先後順序，將導致**退休族有可能面臨資產提早耗盡**，無法如預期般順利維持退休生活，這就是報酬順序風險帶給退休族的最大挑戰。

何種報酬順序對退休族比較有利？

在先前資產累積階段，我們明白**先跌後漲**是對投資人最有利的報酬順序。不過在退休提領階段，我們必須理解，任何下跌對投資人來說都是不利的。因為我們不會再有資金買入便宜的資產，反而會透過不斷的提領變賣資產；就好比一個電玩角色滿血進入一個會隨著時間不斷扣血的關卡，關卡中有時會出現補包、有時會出現陷阱扣血。一旦我們不斷踩到陷阱扣血，在我們等待補包到來的同時，也會隨著時間不斷損命，這會造成角色還來不及撐到補包出現就出局。

　　也就是說在退休提領階段，我們最不想碰見的情況是**剛退休市場就大跌**。我們可從**圖 6-5** 模擬不同時間點股災降臨，造成資產下跌 30%的提領資產變化（其他年份的報酬都是 0%，不計入通膨。）

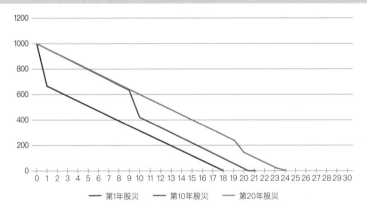

圖 6-5：資產 1,000 萬，每年 40 萬的提領在不同股災時機的剩餘資產變化

● 沒有發生任何股災，理論上可以順利提領 25 年。

● 退休後即遇到股災，資產會直接虧損將近 300 萬，提領時間縮短 7 年。

● 在退休後 20 年才碰到股災，僅會縮短 1 年的提領時間。

藉由此處的簡單模擬情境，我們可以清楚看見：一旦市場大
跌的時間越靠近退休時刻，資產所遭受的影響就越嚴重，導致可
提領的年限大幅減少。因此，對於無法掌握的市場報酬順序風險，
除了期望下跌的時間晚一點到來，你需要擁有幾項法寶來面對這
個挑戰，讓我們接著看下去。

如何降低不利的報酬順序影響

由於運氣的關係，世上並不存在著 100％完美的投資計劃，
總是有許多投資人無法掌握的因素。不過，我們仍可以防範未然，
採取一些方式來降低報酬順序風險帶來的影響。

例如，萬一面臨進入退休時間就遭遇熊市的絕佳「好運」，
我們可以試著透過以下幾點方式來準備：

● **資產配置**

● **持續獲得收入──退而不休**

● **減少支出**

第一個方法是採取低波動的指數化資產配置。對於邁入提領
階段的你來說，風險的控制比起獲得爆炸性的報酬更重要。原因

不外乎是我們已達到先前所規劃的財務目標，現在的重點則需要放在讓資產活得比我們更久。因此，比起試圖獲得更多報酬的高風險配置，退休人員應儘量採取較高比例的債券配置，例如6：4或5：5的股債比例。最重要的目的就是**為了避免在退休初期遭遇市況不好，資產大幅虧損的情況**，導致能夠提領的年限大幅減少。增加低波動的資產配置，調整合適的股債比例，是一種「預防勝於治療」的方法。

第二個持續獲得收入的方法，可以分為兩種層面來看。首先，如果你沒有非得要在某個時間點或完成某個財務目標金額後就退休，不妨考慮繼續工作來累積更多主動收入。這樣做相當於幫你的角色加大血量，提高之後對退休風險的承受能力。其次，如果你已經退休，但不幸在前幾年遭逢股災，與其等著市場給你補包，不如自己生產補包回血，也就再次透過工作賺取主動收入。退休後再重回職場並沒有那麼困難，更沒有什麼不好，因為你不但可以選擇用自己喜歡的事物賺錢，還能結交新的人脈；更能透過獲得收入，來度過市場無情下跌帶來的虧損與不安，讓退休計劃重上軌道。更棒的是，藉由將收入再次投入指數化投資，你更可以提升之後的生活水平。

最後一個方法比較被動，那就是配合市場下跌，減少退休後的支出，也就是減少提領的金額。只是某些固定的花費，可能並沒有辦法藉由這個方式減少，例如：住宿、醫療費用等；但如果是衣食上的花費或娛樂支出，就可以透過減少的方式度過。許多學者也針對這樣的調整提領方式提出看法，那就是所謂的「動態提領策略」。這屬於比較進階的技巧，主要的目的在於延長提領的年限，其中類似的概念就是在下跌的市場中減少花費。

但無論你打算採用事前的預防方式，逐步調整合適的股債比例；或是在邁入退休階段主動獲取收入，減少不必要的支出，有件事情都不會改變──**那就是你的投資策略：指數化投資。**

在退休階段讓資產持續增長、抵抗通膨，你仍然需要採取指數化投資。除了可以避開因選擇錯誤的個股，導致股災來臨時需要承受更多的虧損；也可以在市場收復失土之際，獲取亮眼個股的報酬。採用買入持有的指數化投資，只在需要用到資金的時候才賣出資產，你就無需隨時盯盤、試圖預測股價變化，只要簡單的買入持有，就能獲得應有的市場報酬。

既然我們在年輕時選擇了指數化投資，主動享受生活；那在面對退休階段的挑戰時，我們更沒有理由選擇其他的投資方式，

而是應該持續被動指數投資，繼續主動享受生活。

　　雖然運氣會讓我們有機率偏離期待的結果，但在前面的說明中，我們已經提出了一些方式，可以用來降低報酬順序風險帶來的挑戰。儘管運氣是一個無法掌控且重要的存在，但聰明的投資人總是有辦法先想到最差的情況、做最好的準備，不害怕報酬順序風險的到來。

有紀律投資，創造小資族第二人生

　　我們努力工作，保持紀律存錢投資，終於來到我們的第二人生──退休階段。不管你是達成傳統定義的退休，還是近期廣為流行的財務獨立，我都要恭喜你順利抵達；但完成不代表結束，只要人生依然轉動，投資（花錢）就不會停止，面臨的挑戰也將會持續進行。

　　因此，我必須提醒你一件事：儘管我們從 4％法則所估算出的退休目標金額，未必能保證讓你提領至終老；但將此視為一個階段性財務目標並無不可。畢竟投資是涉及風險及運氣，未來的市場報酬有可能非常亮眼，也可能會低迷一陣子。假如你對於未

來的市場報酬不太樂觀，可以調整 4％法則，將提領率從 4％下修為 3.5％、甚至是 3％，重新調整退休目標金額，繼續主動享受生活，被動指數投資。

而如果你依然對於退休後的報酬順序風險感到擔憂，不妨換個角度來想：正是因為有虧損的風險才有報酬的可能，而這唯一的風險挑戰，我們已託付給全世界的人類。我相信透過先前提供的三種方法，以及動態提領策略（下跌花得少，上漲花得多），再加上你擁有的社會福利政策（勞保、勞退），都能幫助你更有信心準備面對市場帶來的挑戰。

最後，你其實不難發現，退休時期的財務規劃，與努力工作累積資產時的做法並沒有什麼不同，都是採用指數化投資，搭配合適的資產配置完整參與市場的報酬，進而執行退休生活的提領。會這麼做的理由再簡單不過──**指數化投資正是讓每一位投資者獲取市場報酬的最佳方式！**

人生要活得精采，
金錢只是完成你目標的工具

　　通膨的危害正發生在你我的身上，這些我們一出生就面臨的負債，就是年老時的退休金缺口。不只如此，在我們活著的每一天，都得為了生存而消耗金錢；於是我們不斷在賺錢與花錢的過程中學習成長，不只嘗試理解人與金錢之間的關係，找尋追求金錢的目的，也使用金錢加速到達我們人生中追求的目標。

　　如果可以擁有一套清楚簡單、人人都適用的投資理財方式，你我的人生將會更加美好。不知道到目前為止，我有沒有成功讓你理解我的投資理念？

　　對於未來近期市場會怎麼走，我完全沒有猜測的意圖；但對於長期的未來，我深信現在的高點將會是未來的低點。我之所以

不將心力花在追求報酬的理由，一來是因為我們無法控制以及準確預測市場報酬；二來，我們已從眾多文獻與研究中了解：資產配置將決定 90％的長期報酬。選擇放棄預測、採取分散式的資產配置，可以保證我們在承擔合宜的風險之下，成為未來的贏家，以不變應萬變的投資心態，面對未來市場帶給我們的任何挑戰。

　　無論是激昂到令人瘋狂的牛市，還是慘淡到令人崩潰的熊市，對指數化投資者來說都是這趟旅途的必經之路。我們都已經做好準備，等待考驗的到來。因此，如果你也對於人類共同的未來抱持信心，就像是過去那些先驅想像著未來社會進步的模樣，我猜想你現在已經迫不及待，打算透過指數化投資規劃未來的人生財務目標。**因為指數化投資是每一位投資者都能 100％複製的投資方法，不論你的身分地位、不論你的資金大小，即使是每個月幾千塊的投資，也能透過平凡的投資方法，用最少時間獲取不平凡的報酬。**

　　你準備好打算開始這趟旅途了嗎？ 我期待你可以與我同行。一旦準備好開始，就請依序把握投資理財的鐵三角：

　　● 緊急備用金

　　● 保險

● 指數化投資

你也必須謹記：投資理財的成功關鍵來自於儲蓄。要擁有良好的儲蓄習慣，除了要把自己放在最優先的位置，還要有遞延享樂的決心。這並非易事，但只要你將人生的終極投資目標時常放在心中，就會非常有動力。

最後，在此書的尾聲，我想要與你特別分享一件事情：那就是指數化投資帶給投資人的禮物，除了默默致富的可能性之外，**還有一個就是時間。**

每個人一天都只有 24 小時，你願意把多少時間花在投資上呢？指數化投資者不會將大把時間花在投資這件事情上，除了前述的原因外，更重要的是：**我們會選擇將時間投入在人生中所重視的事物上。**

投資可以不需要花時間，但生活需要花時間享受、關係需要花時間經營，個人價值更需要花時間提升。

指數化投資並不能讓你一夕致富，但是一旦開始指數化投資，你便會理解：可以保有原本的生活、擁有自己的人生時間，是多麼珍貴的一件事情──你再也不需要上班偷偷看盤，可以更專注於培養工作能力；你不需要犧牲晚上睡眠時間盯盤，可以獲得更

充足的睡眠與精神。與其花時間在不確定是否真能獲得更好報酬的方法，不如把寶貴的時間花在培養自己的能力、與家人朋友相處，以及你所感興趣的任何事物上，我相信這才是更好的選擇。

不過我也理解，只要人生還在世的一天，無論是為了生存還是為了生活，我們都與金錢和時間脫不了關係。只是時間遠比財富來得珍貴，在這世界上有許多富人多得是錢卻沒時間，也有些人多得是時間卻沒有財富，只是這兩種角色都不是我們想要成為的模樣。

如果你能想通，現在我們所度過的每一分每一秒，對比你能夠從工作或投資上所賺取的金錢，其實都是沒有辦法回復的過去，那正表示：**一旦我們從時間、金錢以及風險的角度上來思考人生，選擇指數化投資就會是最佳的決定。**

這世界，並不存在完美的投資，也不存在完美的計劃；但我們可以學習在不完美之中活出一個幸福快樂的人生，試圖在現在與未來之間取得一個美妙的平衡。這種慢慢致富的方式，正是那把開啟幸福之門的鑰匙。

現在就開始你一年 5 分鐘的投資理財方式，讓指數化投資成為你最沉默卻最有力的支柱，一同邁向人生中珍貴的每一天，過自己真正想過的生活。

主動享受生活，被動指數投資。

註解與參考資料

第一章

1. https://www.dgbas.gov.tw/point.asp?index=2

第二章

1. https://www.federalreserve.gov/publications/2019-economic-well-being-of-ushouse-holds-in-2018-dealing-with-unexpected-expenses.htm

2. https://web.tabf.org.tw/if/api/Material/File/material?id=2&material-Name=cd2b4101-1eba-469f-a5be-dc5f7d90cdb2.pdf

3. https://statdb.dgbas.gov.tw/pxweb/Dialog/varval.asp?ma=LM0110A1M&ti=% A5% A2% B7% 7E% AA% CC% A5% AD% A7% A1% A5% A2% B7% 7E% B6g% BC% C6-% A4% EB&path=../PXfile/LaborForce/&lang=9&strList=L

第三章

1. 資料來源：Morning's active-passive-barometer 2021-h1 report

2. 資料來源：SPIVA ® U.S. Scorecard 2021 mid

第四章

1. https://investor.vanguard.com/investing/how-to-invest/impact-of-costs

2. https://www.morningstar.com/articles/752485/fund-fees-predict-future-successor-fail-ure

3. https://investor.vanguard.com/investing/how-to-invest/impact-of-costs

4. 報告出處：Morning's active-passive-barometer 2021-h1

5. https://www.portfoliovisualizer.com/backtest-portfolio

6. 同前。

7. Brinson,G.P.,L.R. Hood and G.L.Beebower(1986)，"Determinants of Portfolio Performance,"Financial Analyst Journal,July/Augus 1986

8. Gary P. Brinson, Brian D. Singer and Gilbert L. Beebower(1991),"Determinants of Portfolio Performance II: An Update", Financial Analysts Journa l, May/June 1991.

9. https://www.vanguardfrance.fr/documents/best-practices-for-portfolio-rebalancingtlrv. pdf

10. 資料來源：Best practices for portfolio rebalancing by Vanguard Re search

11. 同前。

12. 墨基爾（2017）《漫步華爾街：超越股市漲跌的成功投資策略》，天下文化。

13. https://zh.wikipedia.org/wiki/% E5% B1% 95% E6% 9C% 9B% E7% 90% 86% E8% AE% BA

14. Prospect Theory: An Analysis of Decision under Risk　Daniel Kahneman and Amos Tversky, Econometrica Vol. 47, No. 2 (Mar., 1979), pp. 263-292 (29 pages) Published By: The Econometric Society（https://www.jstor.org/stable/1914185）

15. http://static.fmgsuite.com/media/downloadables/images/documents/720b- 173ce2b7-41d7-a0fc-05c22ee4d524.pdf

16. https://www.reuters.com/article/us-health-coronavirus-short-termism-analidUSKB- N24Z0XZ

17. JPM-guide-to-the-markets-us-2021Q1（https://am.jpmorgan.com/content/dam/jpm- am-aem/global/en/insights/market-insights/guide-to-the-markets/mi-guideto-the- markets-us.pdf）

18. 同前

19. http://www.econ.yale.edu/~shiller/data.htm

20. The Agony & the Ecstasy 3.0: an update on our concentrated stock research for high net worth families，Page 4

21. Bessembinder, Hendrik (Hank) and Chen, Te-Feng and Choi, Goeun and Wei, Kuo-Chiang (John), Do Global Stocks Outperform US Treasury Bills? (July 5, 2019).　Available at SSRN: https://ssrn.com/abstract=3415739 or http://dx.doi.org/10.2139/ssrn.3415739

22. Chris Tidmore, Francis M. Kinniry, Giulio Renzi-Ricci and Edoardo Cilla, How to Increase the Odds of Owning the Few Stocks that Drive Returns, The Journal of Investing December 2019, 29 (1) 43-60; DOI: https://doi.org/10. 3905/joi.2019.1.103

23. JPM-guide-to-the-markets-us-2021Q1

24. Vanguard, Invest now or temporarily hold your cash?

25. 同前。

26. 同前。

第五章

1. 近鄉偏誤（Home Bias）：指一般情況下，投資人做投資決策時會過度偏重投資本國股市。

2. Global equity investing：The benefits of diversification and sizin g your allocation, Scott J. Donaldson, CFA, CFP ® ; Harshdeep Ahluwalia; Giulio Renzi-Ricci; Victor Zhu, CFA, CAIA; Alexander Aleksandrovich, CFA

第六章

1. https://www.dgbas.gov.tw/ct.asp?xItem=46653&ctNode=5624

2. Bengen, William P. (1994), "Determining withdrawal rates using historical data Journal of Financial Planning," Denver Vol. 7, Iss. 4: 171.

3. Trinity Study ("Retirement Spending: Choosing a Sustainable Withdrawal Rate," by Philip L. Cooley, Carl M. Hubbard, and Daniel T. Walz)

4. https://www.mohw.gov.tw/dl-70609-64499d44-6d1f-408e-a449-6af459b7cd17.html

一年投資 5 分鐘

打造每月 3 萬被動收入，
免看盤、不選股的最強小資理財法

作者	陳逸朴（小資 YP）
執行編輯	顏妤安
行銷企劃	劉妍伶
封面設計	陳文德
版面構成	賴姵伶
發行人	王榮文
出版發行	遠流出版事業股份有限公司
地址	臺北市中山北路一段 11 號 13 樓
客服電話	02-2571-0297
傳真	02-2571-0197
郵撥	0189456-1
著作權顧問	蕭雄淋律師

2022 年 1 月 1 日　初版一刷

2023 年 7 月 15 日　初版七刷

定價新台幣 360 元

國家圖書館出版品預行編目 (CIP) 資料

一年投資 5 分鐘：打造每月 3 萬被動收入，免看盤、不選股的最強小資理財法 / 陳逸朴（小資 yp) 著.
-- 初版 . -- 臺北市：遠流出版事業股份有限公司，2022.01
　面；　公分
ISBN 978-957-32-9395-8(平裝)
1. 理財 2. 投資
563　　　110020844